소소한 즐거움이 있는 핸드메이드

# 처음 만드는 에코백

**처음 만드는 에코백**

1판 1쇄 인쇄 2011년 5월 3일
1판 1쇄 발행 2011년 5월 7일

지은이_부티크사 편집부
옮긴이_김현영
펴낸이_정원정, 김자영
편집_홍현숙
디자인_*design86* 이강훈

펴낸곳_즐거운상상
주소_서울시 용산구 문배동 11-14 이안1차 101동 오피스텔 202호
전화_02-706-9452 | 팩스_02-706-9458 | 전자우편_happywitches@naver.com
출판등록_2001년 5월 7일
인쇄_백산하이테크

ISBN 978-89-92109-75-8
ISBN 978-89-92109-69-7(세트)

* 책값은 뒤표지에 있습니다.

소소한 즐거움이 있는 핸드메이드

# 처음 만드는 에코백

*my first eco bag*

# A to Z

즐거운상상

Campbell's
MINESTRONE
Love
Happy Time
牛乳
LEMON PEPPER
GARLIC SALT
Ceres
MEDLEY OF FRUITS
HOT CHILLI POWDER

# Prologue

에코백을 처음 만드는 이들을 위한 책입니다.
쉬운 설명과 풍부한 사진, 친절한 일러스트로 구성되어 있어
누구라도 쉽게 따라할 수 있습니다.
에코백은 모양도, 만드는 방법도 간단해서 사랑받는 아이템입니다.
가볍게 들 수도 있고, 어깨에 멜 수도 있고, 차곡차곡 접어 가방에
쏙 넣을 수도 있어 편리한 에코백. 같이 만들어볼까요?

## C.o.n.t.e.n.t.s


Prologue _ 5
시작하기 전에_8

비닐봉투 스타일 01
잔꽃무늬 에코백 _ 12

비닐봉투 스타일 02
분홍 에코백 _ 17

비닐봉투 스타일 03
물방울 에코백 _ 17

비닐봉투 스타일 04
꽃무늬 에코백 _ 17

비닐봉투 스타일 05
내추럴 에코백_ 18

비닐봉투 스타일 06
소담한 자수 에코백 _ 21

비닐봉투 스타일 07
간편한 고리 에코백 _ 24

비닐봉투 스타일 08
간편한 벨트 에코백 _ 26

심플 스타일 01
무지 리넨 에코백 _ 28

심플 스타일 02
무지 리넨 에코백_ 28

심플 스타일 03
오렌지 리본 에코백 _ 30

심플 스타일 04
앞주머니 에코백 _ 32

심플 스타일 05
나무 단추 에코백 _ 34

심플 스타일 06
바닥이 넉넉한 에코백 _ 36

심플 스타일 07
작은 꽃무늬 에코백 _ 38

심플 스타일 08
시원한 파랑 에코백 _ 40

토트 스타일 01
체크무늬 토트백 _ 43

토트 스타일 02
레드 포인트 에코백 _ 46

토트 스타일 03
가죽 손잡이 에코백 _ 50

토트 스타일 04
지퍼 여밈 토트백 _ 52

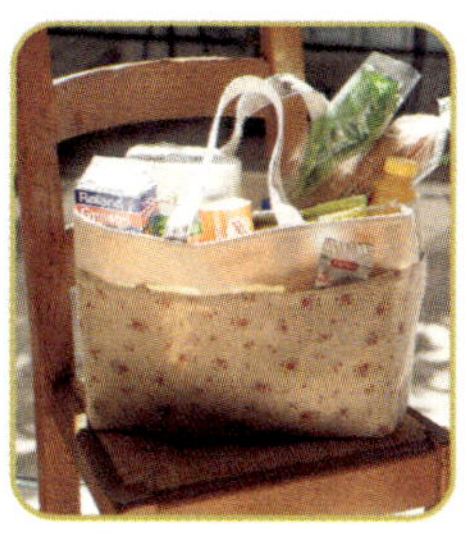
바스켓 스타일 01
돛천 에코백 _ 55

바스켓 스타일 02
장미 무늬 에코백 _ 58

바스켓 스타일 03
줄무늬 에코백 _ 62

바스켓 스타일 04
덮개 달린 에코백_ 65

자전거 바구니용 01
주머니 덮개
파랑 에코백 _ 68

자전거 바구니용 02
주머니 덮개
빨강 에코백 _ 72

방수 에코 파우치 01
방수 주머니 01 _ 75

방수 에코 파우치 02
방수 주머니 02 _ 75

방수 에코 파우치 03
방수 주머니 03 _ 75

방수 에코 파우치 04
방수 주머니 04 _ 75

미니 스타일 01
작은 에코백 _ 80

미니 스타일 02
어린이용 에코백 _ 82

미니 스타일 03
파란체크 에코백 _ 84

미니 스타일 04
보조가방용 에코백 _ 86

SWEET
HOME
Happy Time
실물 크기의
자수 도안 _ 90

# 시작하기 전에

## 본 그리기와 마름질 보는 방법

이 책의 본에는 시접이 나와 있지 않아요. 원단을 자를 때는 시접도 꼭 같이 표시해서 마름질하세요. 그리고 실제로 마름질한 방법이 그대로 나와 있어요. 원단 끝은 재단 상태가 일정하지 않기 때문에 1.5㎝ 들여서 마름질했답니다. 사용할 원단의 폭이 다를 때는 마름질 방법을 알맞게 조절하세요.

**본 그리기**

본체 2장
(3)
(1.2)
(1.2)
27
25
손잡이 2장
(3)
(1)
(3)
32
4

**마름질**

올 방향을 맞춘다.
(겉)
원단 끝
손잡이
38
1.5㎝ 띄운다
66.8
본을 따라 그린 선

## 마름질하는 방법

먼저 반듯하게 다림질한 후 마름질하세요.
곡선이 많을 때는 본을 만들어서 사용하세요.

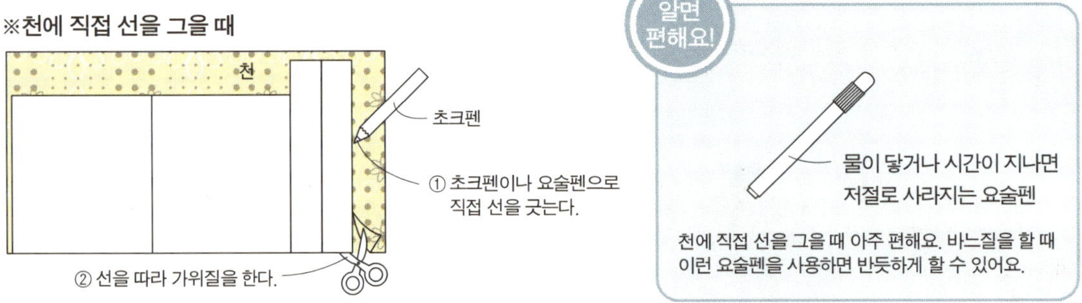
※천에 직접 선을 그을 때
천
초크펜
① 초크펜이나 요술펜으로 직접 선을 긋는다.
② 선을 따라 가위질을 한다.
알면 편해요!
물이 닿거나 시간이 지나면 저절로 사라지는 요술펜
천에 직접 선을 그을 때 아주 편해요. 바느질을 할 때 이런 요술펜을 사용하면 반듯하게 할 수 있어요.

## 올이 풀리지 않게 원단의 끝을 정리하는 방법

시접을 정리할 때는 통솔로 마무리하거나 아래와 같은 방법을 사용해요.

**오버로크**
1㎜ 정도 자른다는 느낌으로 올의 방향에 맞춰 박아주세요.

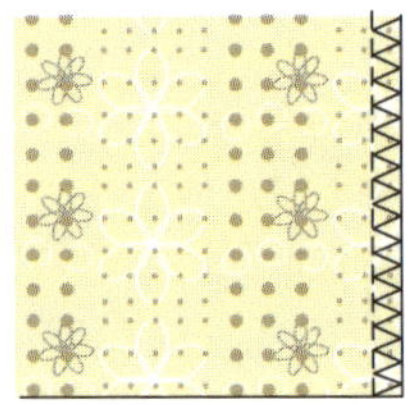

**지그재그 박기**
땀 폭은 4㎜, 땀 길이는 2.5㎜ 정도로 맞춰놓고, 원단의 겉에 박아주세요.

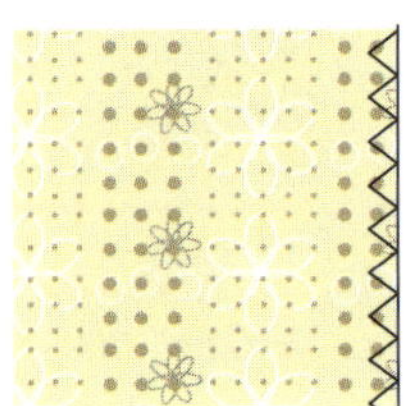

**휘갑치기**
손으로 단끝을 정리하는 방법이에요. 원단의 끝을 비스듬하게 감듯이 바느질하면 됩니다.

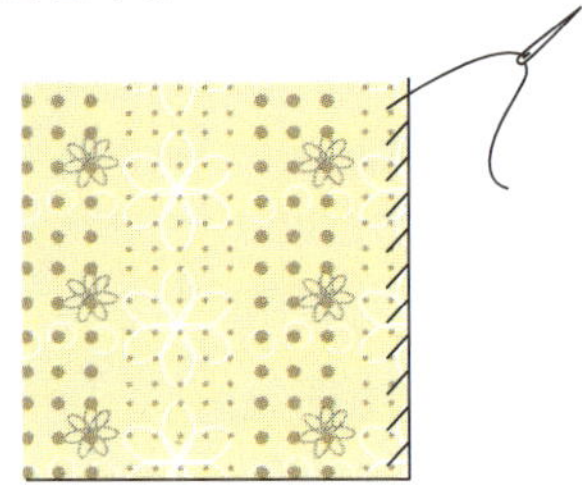

## 재봉틀로 박는 방법

시작과 끝에는 반드시 되박음질을 하세요.

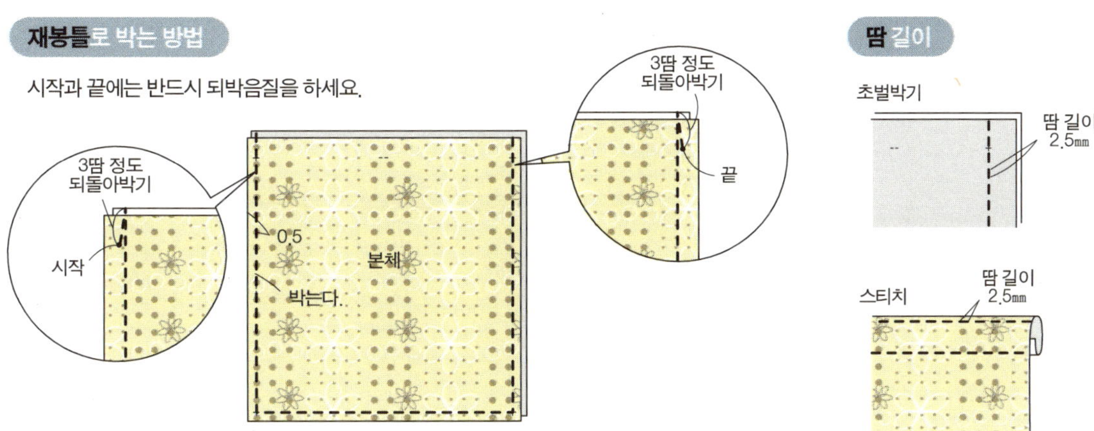

3땀 정도
되돌아박기
시작
0.5
본체
박는다.
3땀 정도
되돌아박기
끝


## 땀 길이


초벌박기
땀 길이
2.5㎜
스티치
땀 길이
2.5㎜


알면 편해요!

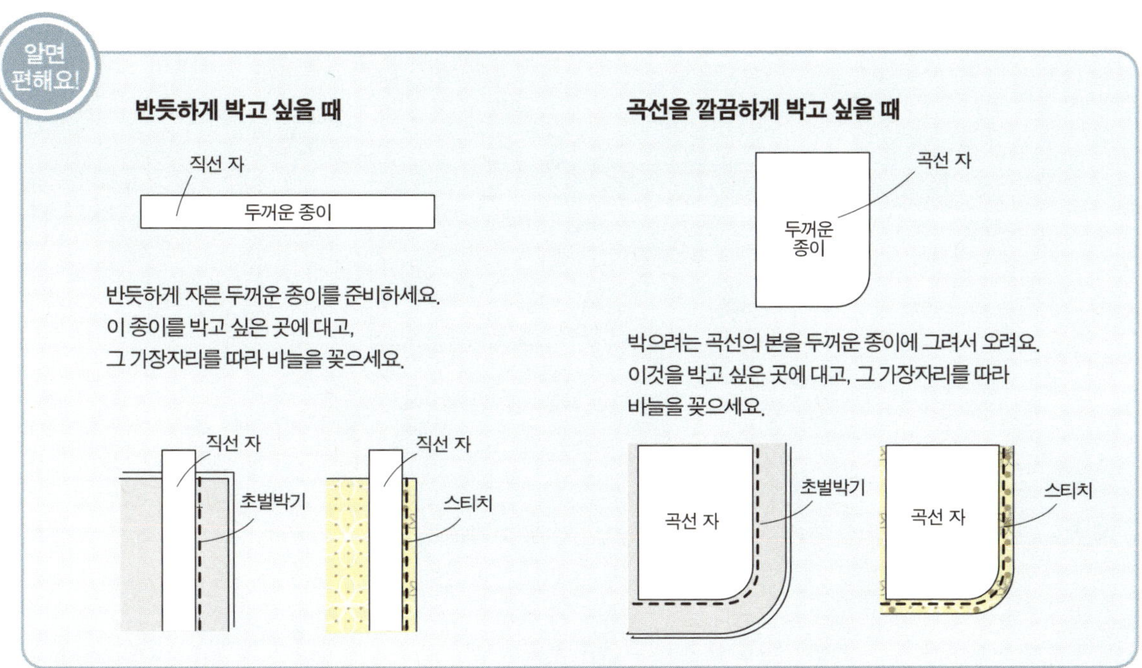

### 반듯하게 박고 싶을 때


직선 자
두꺼운 종이


반듯하게 자른 두꺼운 종이를 준비하세요.
이 종이를 박고 싶은 곳에 대고,
그 가장자리를 따라 바늘을 꽂으세요.


직선 자
초벌박기
직선 자
스티치


### 곡선을 깔끔하게 박고 싶을 때


곡선 자
두꺼운 종이


박으려는 곡선의 본을 두꺼운 종이에 그려서 오려요.
이것을 박고 싶은 곳에 대고, 그 가장자리를 따라
바늘을 꽂으세요.


곡선 자
초벌박기
곡선 자
스티치


## 접착심지 붙이는 방법

**다림질에도 방법이 있어요.**

· 중간 온도보다 약간 높은 온도로 맞추세요.
· 이리저리 밀지 말고, 위에서 누르듯이 압력을 가하세요.

다리미판 위에 천을 올려놓으세요.
안쪽 면이 위로 올라와야 해요.
그 위에 접착심지의 접착면이
아래쪽으로 가도록 올려놓고,
다리미로 눌러 붙이세요.

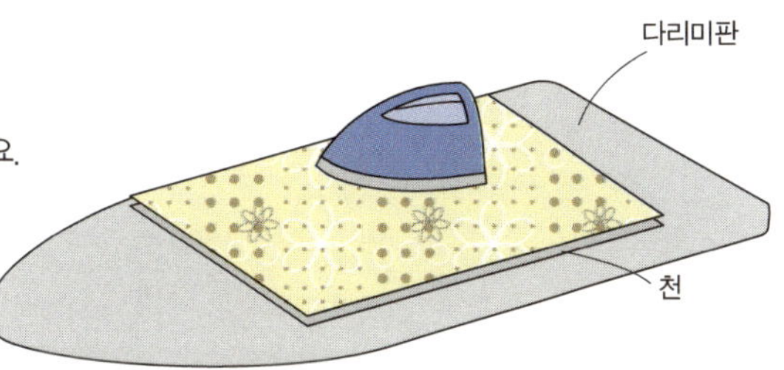

다리미판
천

## 바구니용 에코백

바구니에 쉽게 넣고 뺄 수 있어야겠지요? 먼저 바구니의 안쪽 치수를 재고, 가로와 세로에서 1㎝를 빼세요. 높이는 5㎝를 더하면 좋아요.

바구니 안쪽 치수

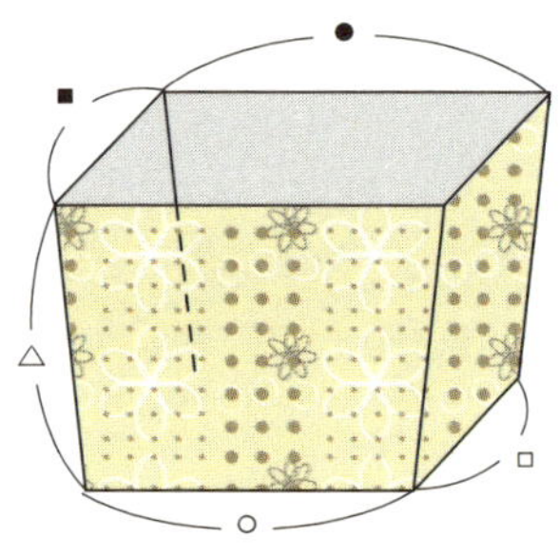
●
■
△
□
○

※바구니의 안쪽 치수를 재서 도안을 그려요.

※( )는 시접 치수랍니다.

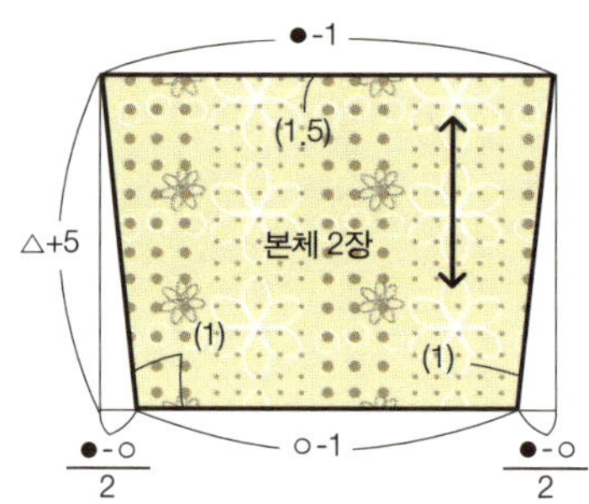
●-1
(1.5)
△+5
본체 2장
(1)
(1)
●-○/2
○-1
●-○/2

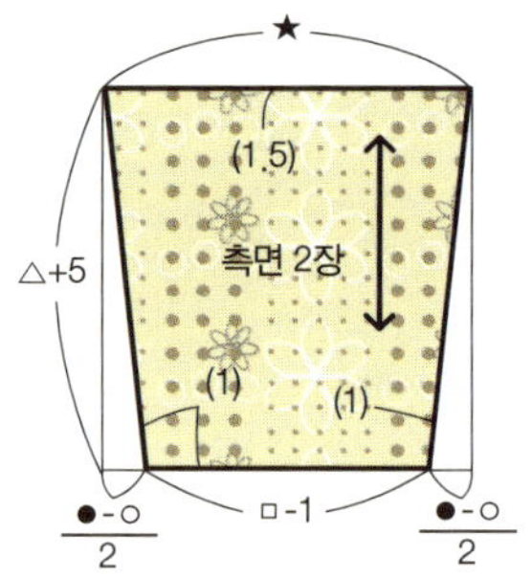
★
(1.5)
△+5
측면 2장
(1)
(1)
●-○/2
□-1
●-○/2

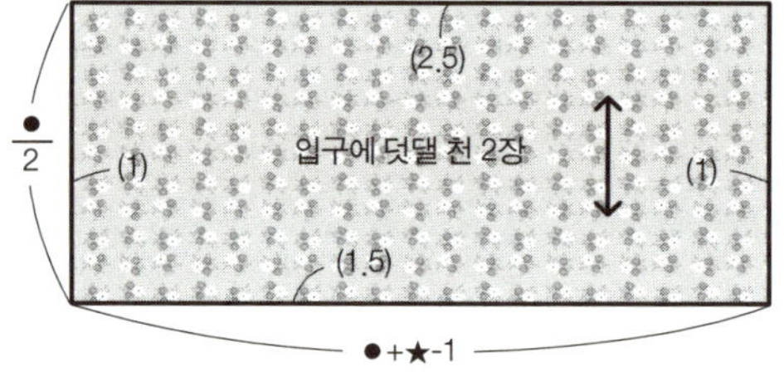
(2.5)
●/2
(1)
입구에 덧댈 천 2장
(1)
(1.5)
●+★-1

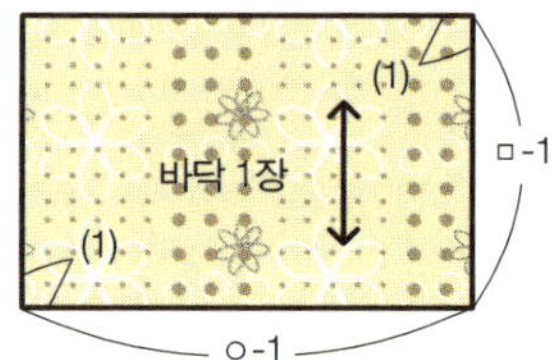
(1)
바닥 1장
□-1
(1)
○-1

## 다림질 하는 방법

작품을 깔끔하고 반듯하게 만들려면 다림질이 중요해요. 한 과정을 거칠 때마다 다림질을 하세요.

박은 곳을 정리해요.

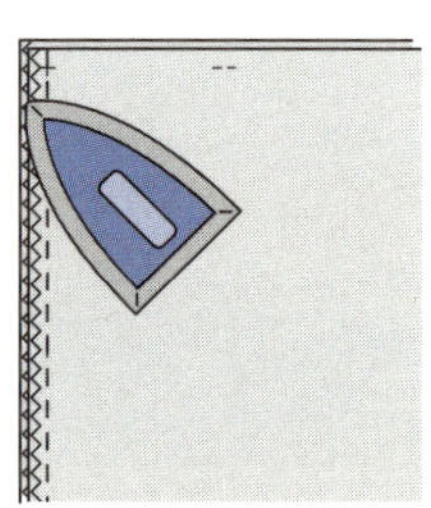

시접을 좌우로 벌려요.

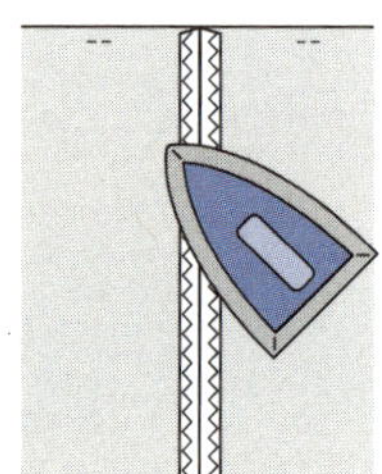

접은 자국을 내요.

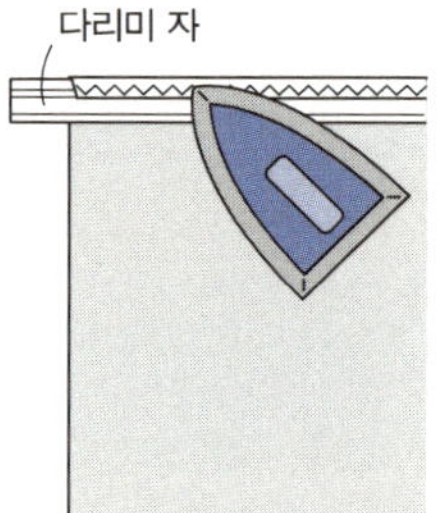
다리미 자

**알면 편해요!**

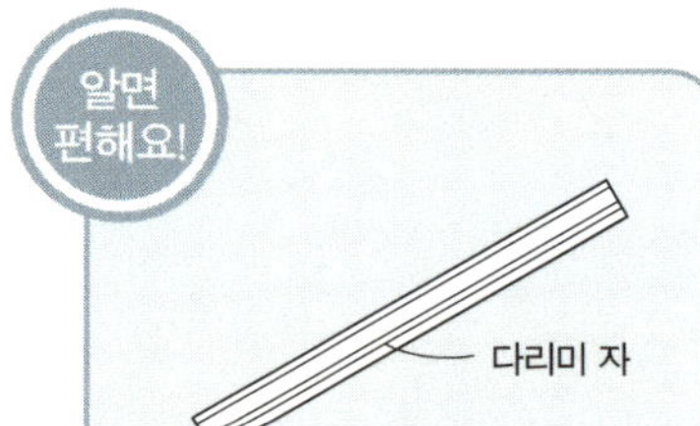
다리미 자

1㎝, 2.5㎝, 3㎝ 등 천을 일정한 폭으로 접을 수 있게 선이 그어져 있는 두꺼운 종이를 준비하세요. 이 종이를 이용하면 같은 폭으로 깔끔하고 간단하게 접을 수 있어요.

## 손바느질로 만들 때

재봉틀이 없어도 괜찮아요.
손바느질로도 만들 수 있어요.

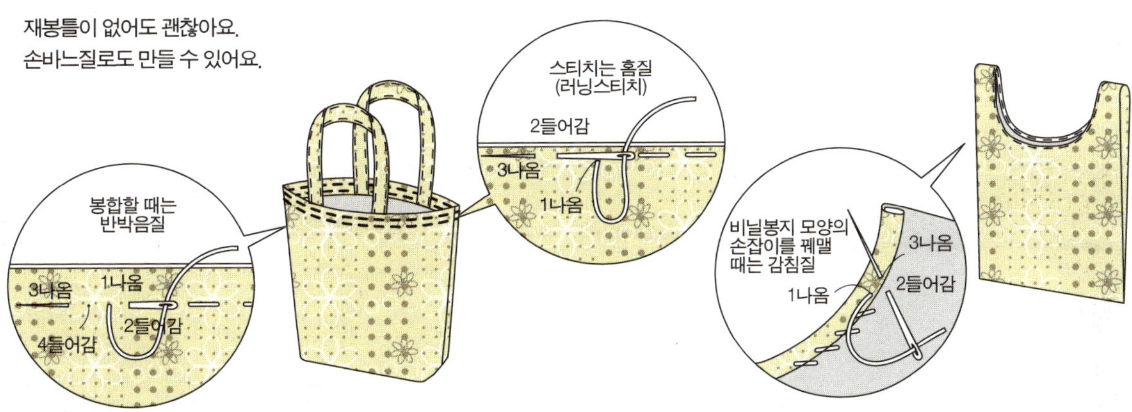

봉합할 때는
반박음질
1나옴
3나옴
2들어감
4들어감
스티치는 홈질
(러닝스티치)
2들어감
3나옴
1나옴
비닐봉지 모양의
손잡이를 꿰맬
때는 감침질
3나옴
2들어감
1나옴


## 수놓는 방법

이 책에서 사용한 자수 기법이에요.

**● 백스티치**

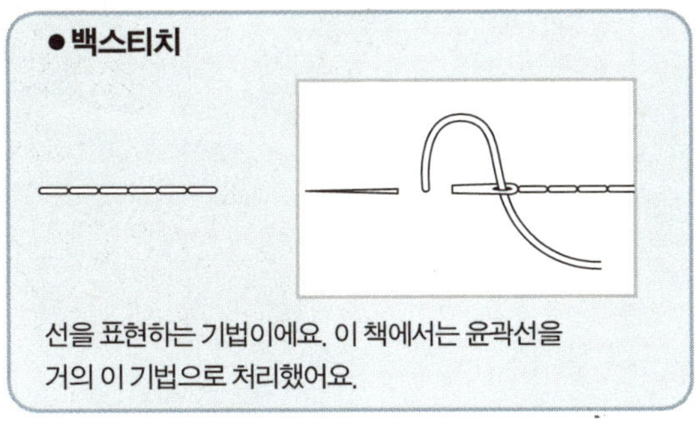

선을 표현하는 기법이에요. 이 책에서는 윤곽선을 거의 이 기법으로 처리했어요.

**● 새틴스티치**

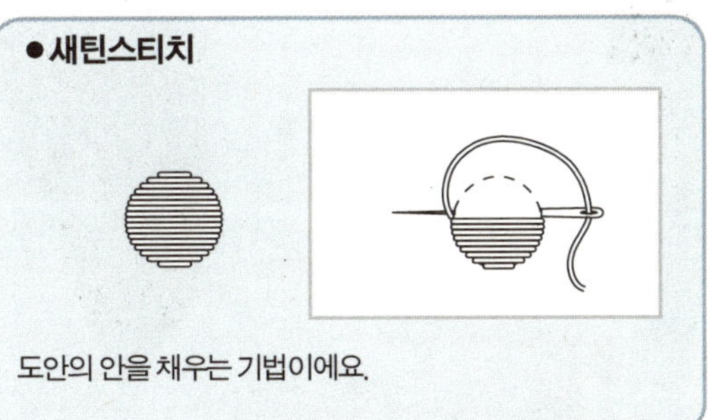

도안의 안을 채우는 기법이에요.

**● 러닝스티치**

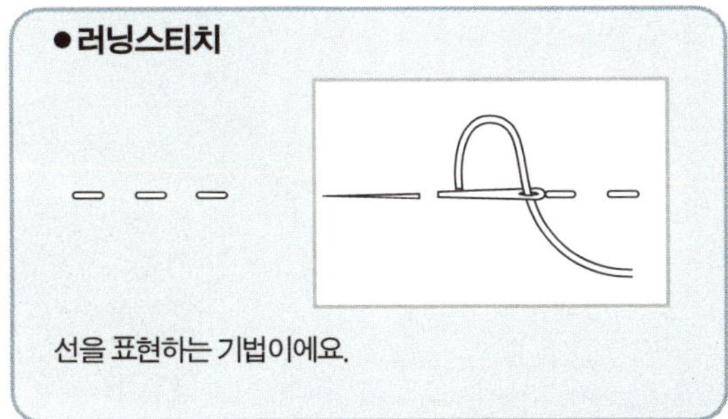

선을 표현하는 기법이에요.

**● 프렌치너트스티치**

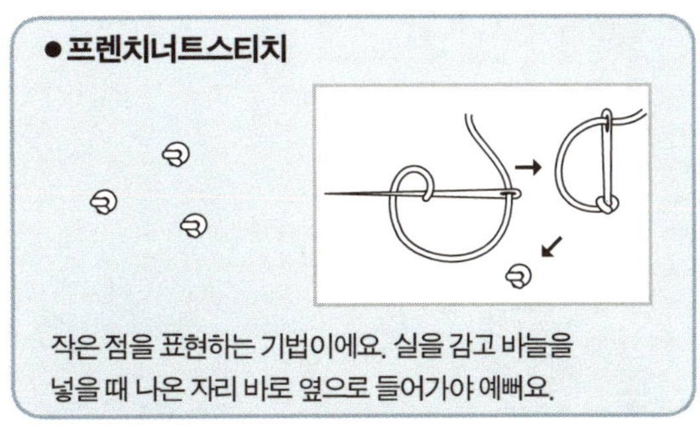

작은 점을 표현하는 기법이에요. 실을 감고 바늘을 넣을 때 나온 자리 바로 옆으로 들어가야 예뻐요.

**● 스트레이트스티치**

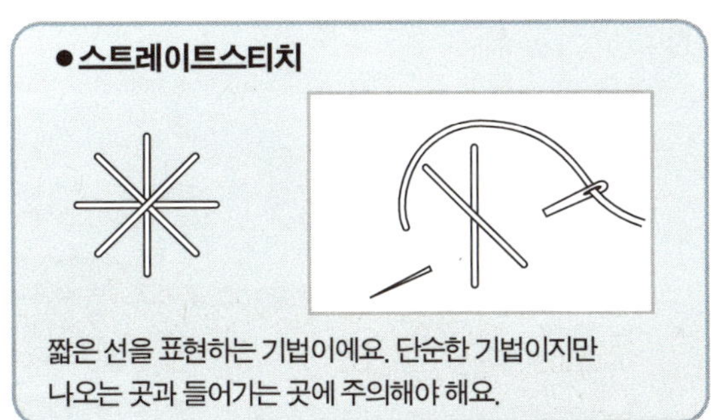

짧은 선을 표현하는 기법이에요. 단순한 기법이지만 나오는 곳과 들어가는 곳에 주의해야 해요.

**● 레이지데이지스티치**

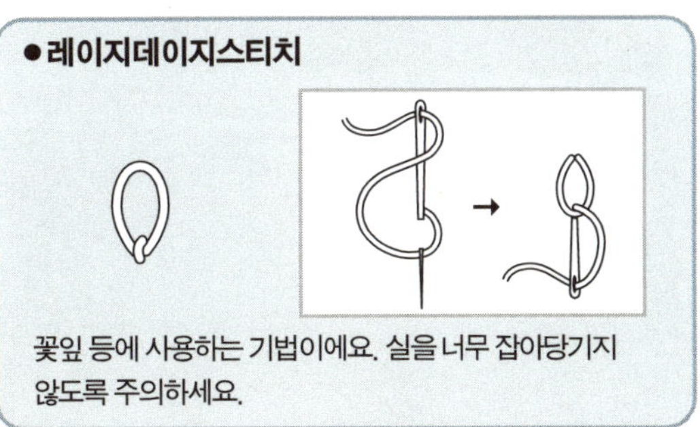

꽃잎 등에 사용하는 기법이에요. 실을 너무 잡아당기지 않도록 주의하세요.

비닐봉투 스타일 01

# 잔꽃무늬 에코백

돌돌 말아서 끈으로 묶어 가방에 쏙! 면이라서 가볍고 튼튼해요.
늘 넣어다니면 요모조모 쓰임이 많아 참 좋답니다.

BUTTERMILK
LEMOND'OR

## Step 1 재료를 준비해요.

- 면(파란색) 105cm ×65cm ※ 얇은 나일론도 괜찮아요.
- 리본 끈(파란색) 0.8cm ×50cm

## Step 2 본을 그려요.

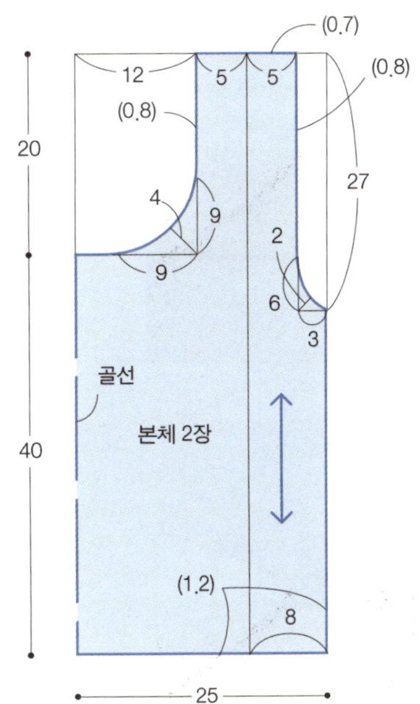

(0.7)
(0.8)
12
5
5
(0.8)
20
27
4
9
2
9
6
3
골선
40
본체 2장
(1.2)
8
25


## Step 3 치수대로 천과 끈을 잘라요.

28cm
골선


가로 폭이 28cm가 되도록 천을 접어요.
본을 골선에 맞춰 시침핀으로 고정해 놓고 원단을 잘라요.
본체를 2장 잘라야 해요. 끈도 2줄 준비하세요.

## Step 4 손잡이의 가장자리를 박으세요.

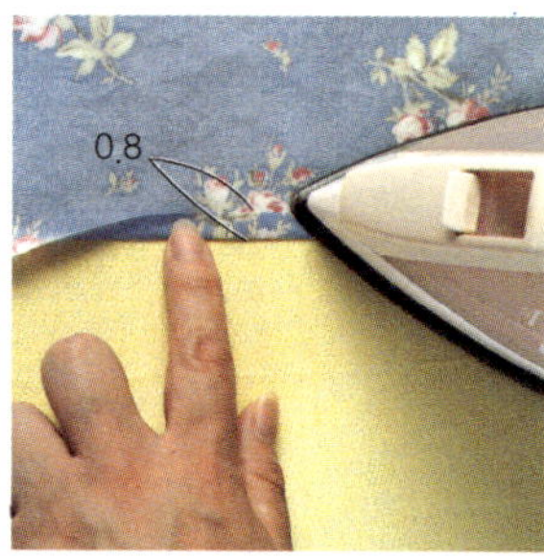
0.8

1 0.8㎝ 접어 다리미로 자국을 내세요.

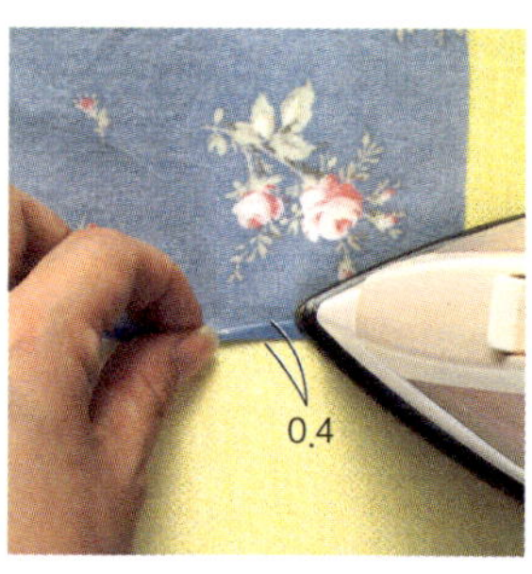
0.4

2 1에서 다시 0.4㎝ 안쪽으로 접어 넣고 다리미로 자국을 내세요.

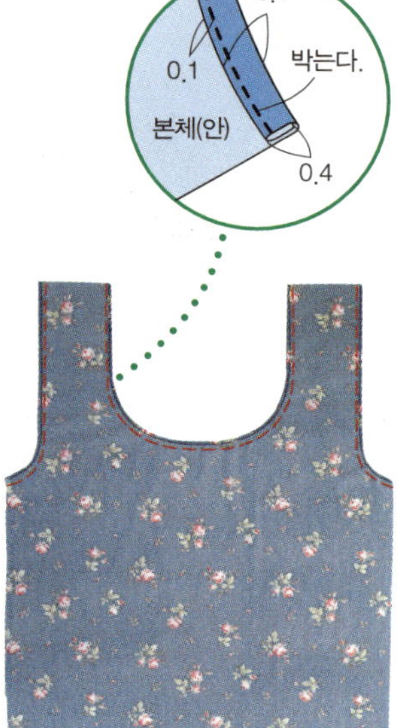
0.4
0.1
박는다.
본체(안)
0.4

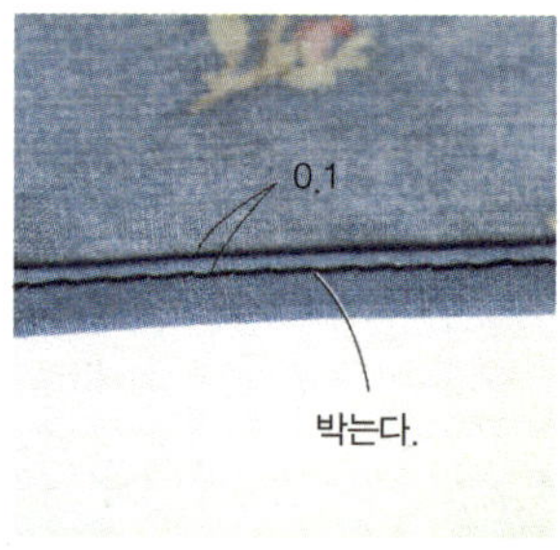
0.1
박는다.

3 0.1㎝ 내려온 자리를 박으세요. 나머지 본체 1장도 똑같이 하세요.

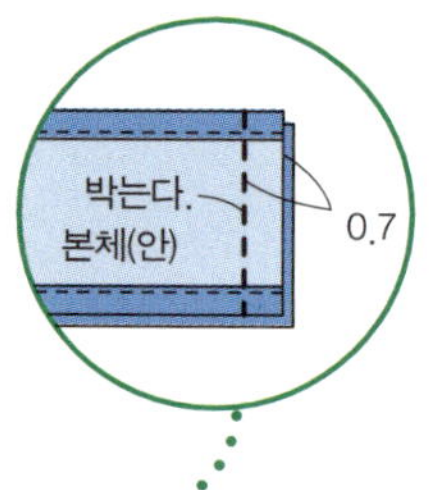
박는다.
본체(안)
0.7

## Step 5 손잡이의 윗부분을 봉합해요.

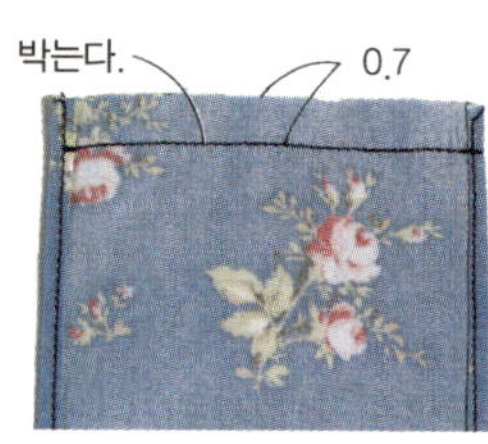
박는다.
0.7

겉끼리 맞대고 0.7㎝ 떨어진 곳을 박아요.

 한 과정을 거칠 때마다 다리미질을 하면 반듯하고 깔끔하게 완성할 수 있어요.

## Step 6 본체의 아래쪽 가장자리를 박으세요.

1 안끼리 맞대고 사진처럼 핀을 꽂아요.
2 핀을 뽑으면서 박으세요.
(겉)
본체(겉)
0.5
0.5
박는다.
(겉)
0.5
박는다.

## Step 7 본체의 옆선을 박으세요.

## Step 8 양 옆을 접어놓고 바닥을 박아요.

1 안으로 뒤집어요.
2 양 옆을 박으세요.
0.7
박는다.
(안)
본체(안)
0.5
박는다.
0.7
1 양 옆을 8cm만큼 접으세요.
8
2 바닥을 박아주세요.
(안)
3 겉으로 뒤집으세요.
0.7
접혀서 들어가는 측면이 생겼어요.

시접이 안으로 들어가도록 다시 시접을 두어 박는 '통솔' 이에요. 이렇게 하면 튼튼하게 만들 수 있어요.

## Step 9 손잡이를 접어놓고 윗부분을 박아주세요.

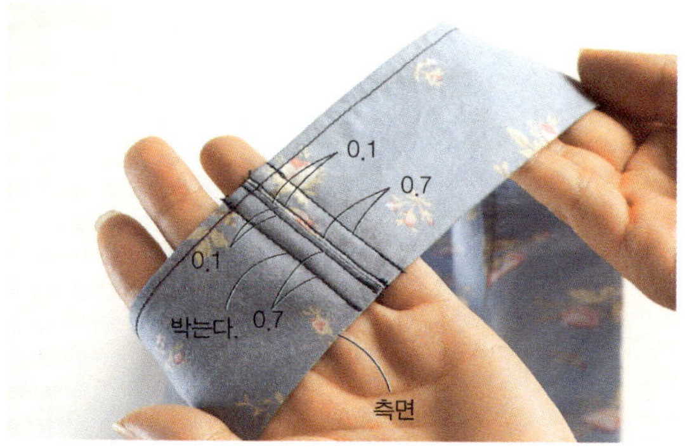
0.1
0.7
0.1
박는다. 0.7
측면

5
0.7
0.1
접는다.
본체(겉)

1 손잡이를 반으로 접어요.

2 0.1㎝과 0.7㎝ 떨어진 곳을 박아요.

## Step 10 끈을 달아요.

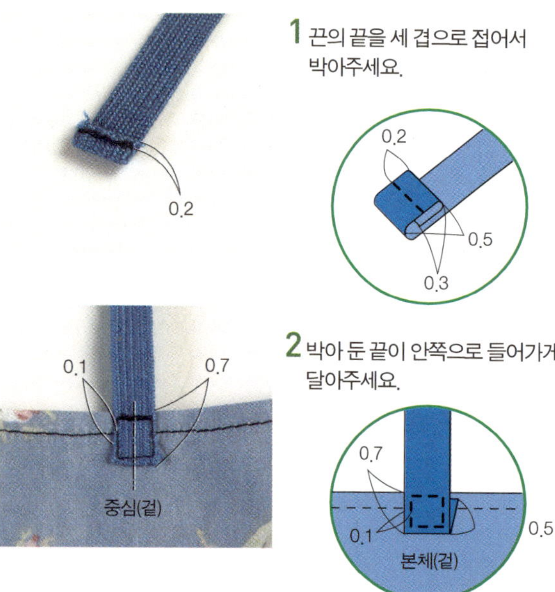
0.2
0.2
0.5
0.3
0.1
0.7
중심(겉)
0.7
0.1
0.5
본체(겉)

1 끈의 끝을 세 겹으로 접어서 박아주세요.

2 박아 둔 끝이 안쪽으로 들어가게 달아주세요.

60
34

완성!
외출할 때마다
가방에 넣어서
가지고 다니세요!

접는 방법은
20쪽에 있어요.

비닐봉투 스타일 02 · 03 · 04

# 분홍 · 물방울 · 꽃무늬

작게 접을 수 있고, 물건도 많이 넣을 수 있는
비닐봉투 스타일의 에코백. 장바구니로 쓸 수 있어 편리합니다.
무늬별, 크기별로 만들어놓고 용도에 맞게 골라 쓰세요.

▶▶ 02 준비물

- 천(나일론) : 105㎝ × 65㎝
- 리본 끈(분홍색) : 가로0.8×50㎝

▶▶ 03 준비물

- 천(리넨) : 105㎝ × 65㎝
- 리본 끈(연분홍색) : 0.8㎝ × 50㎝

▶▶ 04 준비물

- 천(리넨) : 105㎝ × 65㎝
- 리본 끈(베이지색) : 0.8㎝ × 50㎝

★ 본 그리기 · 마름질 · 만드는 방법은
13~16쪽 잔꽃무늬 에코백 만드는 방법과 똑같아요.

비닐봉투 스타일 05

# 내추럴 에코백

리넨으로 만든 내추럴 에코백입니다.
민무늬도 예쁘지만 아기자기하고 내추럴한 무늬도 재미있습니다.
완성된 모양을 상상하면서 원단을 골라보세요.

KING'S PRIDE co.
50 Lbs. Net Wt.
GARLIC SALT
DE CECCO
Capellini

**▶▶준비물**

· 천(리넨) : 110㎝ × 60㎝

※12쪽의 꽃무늬 에코백과 모양이 같아요. 이번에는 원단의 무늬에 맞춰서 만들어 보았어요.

※ 본그리기의 ( )안은 시접 치수입니다.

## 완성 치수

58
34

## 본 그리기

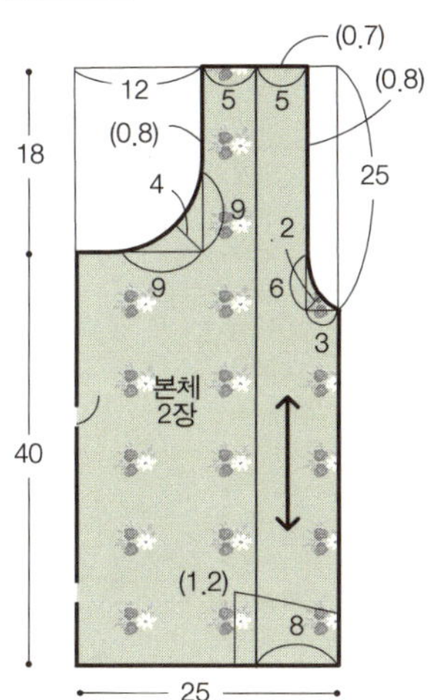
(0.7)
12
(0.8)
5
5
18
(0.8)
25
4
9
9
2
6
3
본체
2장
40
(1.2)
8
25

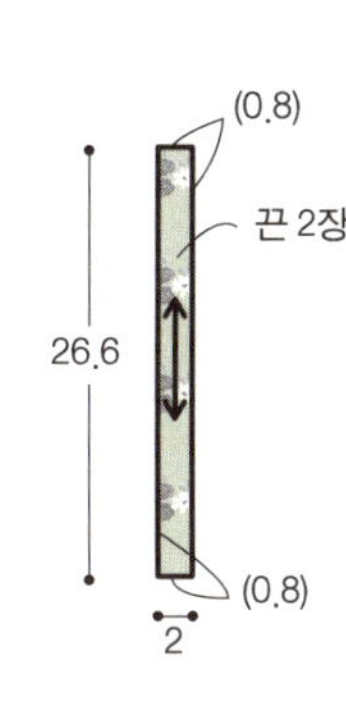
(0.8)
끈 2장
26.6
(0.8)
2

## 마름질

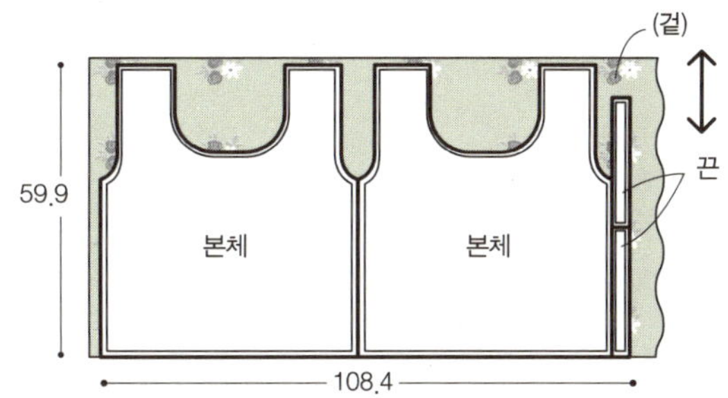
(겉)
끈
59.9
본체
본체
108.4

## 만드는 방법

①~⑨는 13~16쪽의 만드는 방법과 같아요.

⑩ 끈을 만드세요.

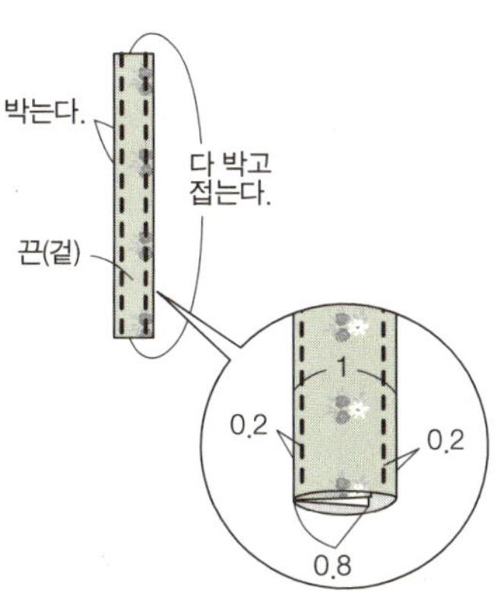
박는다.
다 박고
접는다.
끈(겉)
1
0.2
0.2
0.8

⑪ 본체에 끈을 달면 완성.

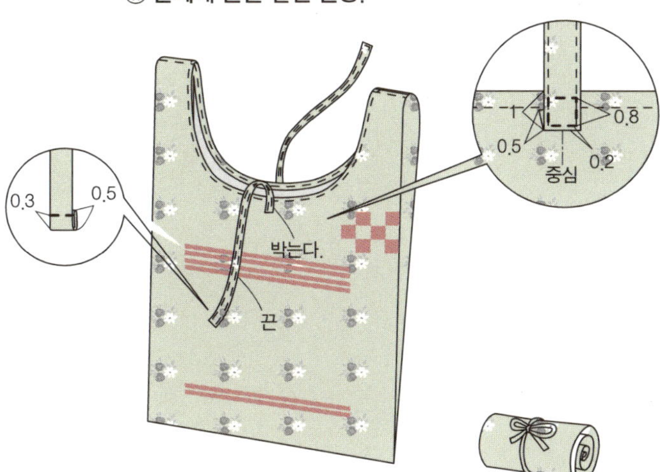
1
0.8
0.5
0.2
중심
0.3
0.5
박는다.
끈

## 접는 방법

① 납작하게 펴놓는다.

② 양옆이 맞닿게 접는다.

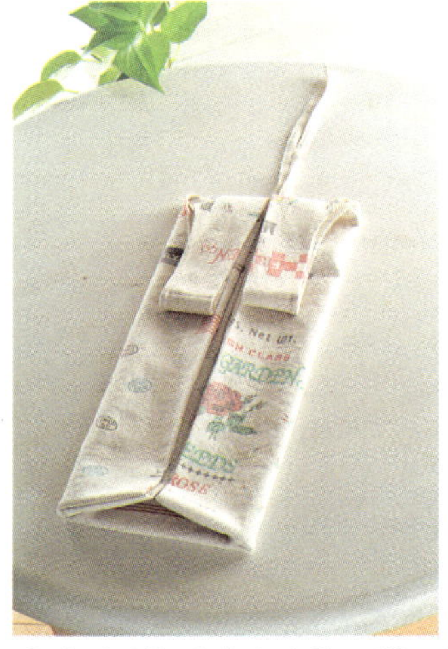

③ 손잡이를 꺾어서 아래로 접는다.

④ 바닥부터 돌돌돌 만다.

⑤ 끈을 빙 두른다.

⑥ 묶으면, 완성!

비닐봉투 스타일 06

## 소담한 자수 에코백

에코백에 작은 덮개를 달았어요. 펼쳐서 사용할 때는 내용물이 빠지지 않게, 접을 때는 풀어지지 않게 고정하는 역할을 합니다. 귀여운 자수를 놓아 소담한 멋이 풍깁니다.

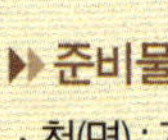

**준비물**

- 천(면) : 70㎝ × 90㎝
- 접착심지 : 10㎝ × 10㎝
- 25번 자수실 : 적갈색 · 갈색
- 벨크로테이프 : 2.5㎝ × 5㎝

※ 본그리기의 ( )안은 시접 치수입니다.

※ 자수 도안은 88쪽을 참조하세요.

## 완성 치수

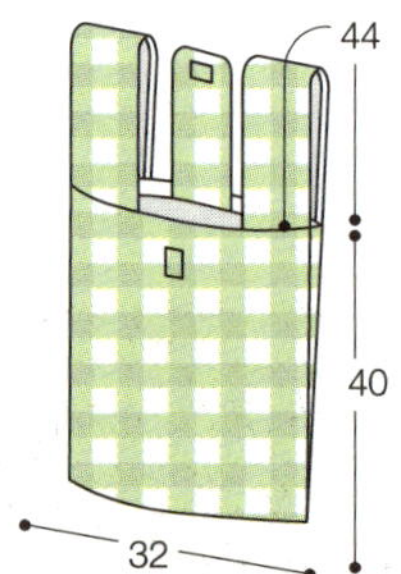

44
40
32


## 본 그리기

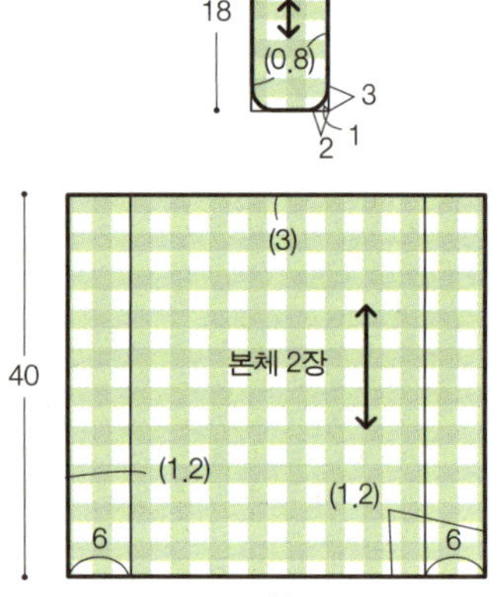

8
18
(3)
미니 덮개 2장
(0.8)
3
2
1
40
(3)
본체 2장
(1.2)
(1.2)
6
6
44
44
(3)
손잡이 2장
(0.8)
(3)
8


## 마름질

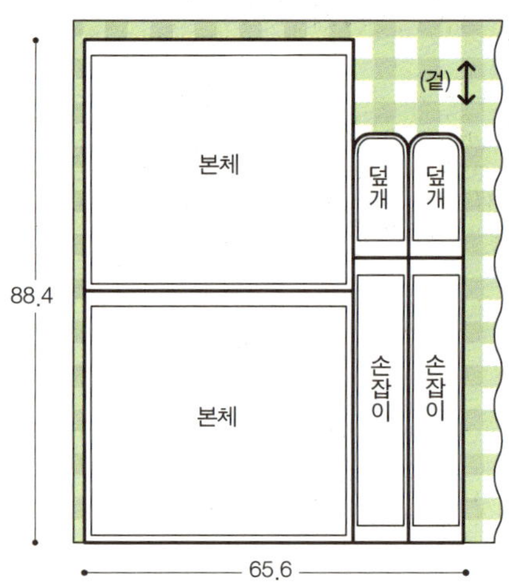

(겉)
본체
덮개
덮개
88.4
본체
손잡이
손잡이
65.6


## 만드는 방법

① 미니 덮개에 수를 놓고, 벨크로테이프를 달아주세요.

② 미니 덮개 가장자리를 박으세요.

③ 덮개에 벨크로테이프를 달아주세요.

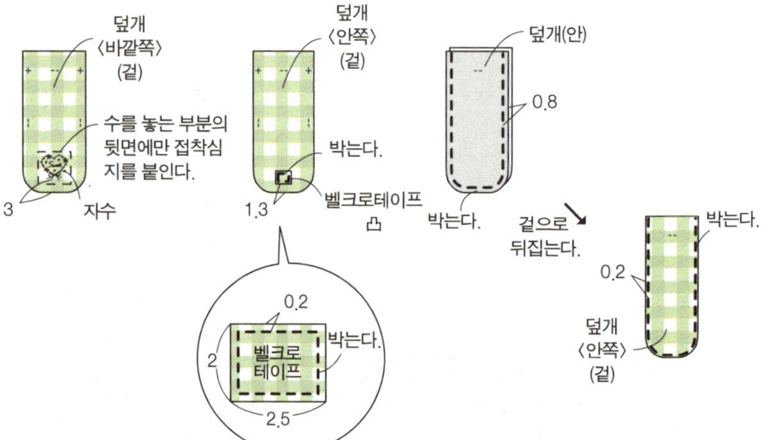

덮개
〈바깥쪽〉
(겉)
수를 놓는 부분의
뒷면에만 접착심
지를 붙인다.
3
자수
덮개
〈안쪽〉
(겉)
박는다.
1.3
벨크로테이프
凸
0.2
벨크로
테이프
박는다.
2
2.5
덮개(안)
0.8
박는다.
겉으로
뒤집는다.
박는다.
0.2
덮개
〈안쪽〉
(겉)


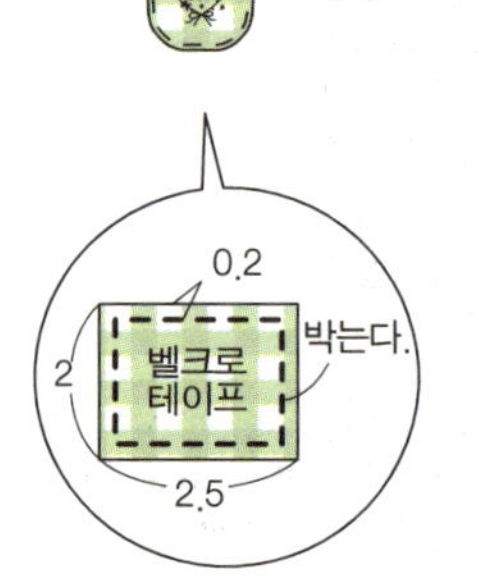

3.5
벨크로테이프
凹
박는다.
덮개
〈바깥쪽〉
(겉)
0.2
벨크로
테이프
박는다.
2
2.5

④ 본체에 덮개와 벨크로테이프를 달아요.

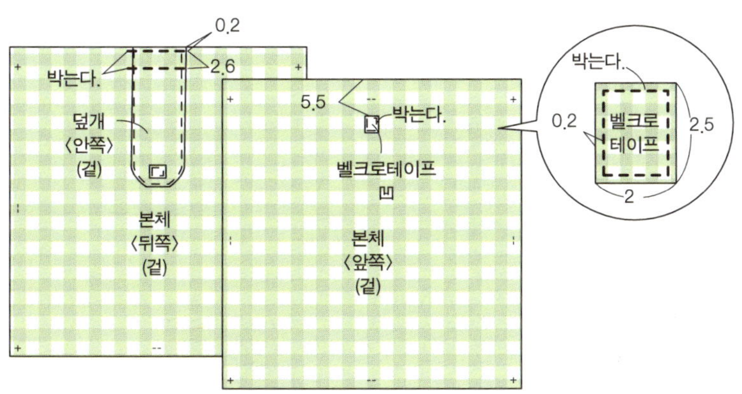
0.2
박는다.
2.6
덮개
〈안쪽〉
(겉)
본체
〈뒤쪽〉
(겉)
5.5
박는다.
벨크로테이프
본체
〈앞쪽〉
(겉)
박는다.
0.2
벨크로
테이프
2.5
2

⑤ 손잡이를 만들어요.

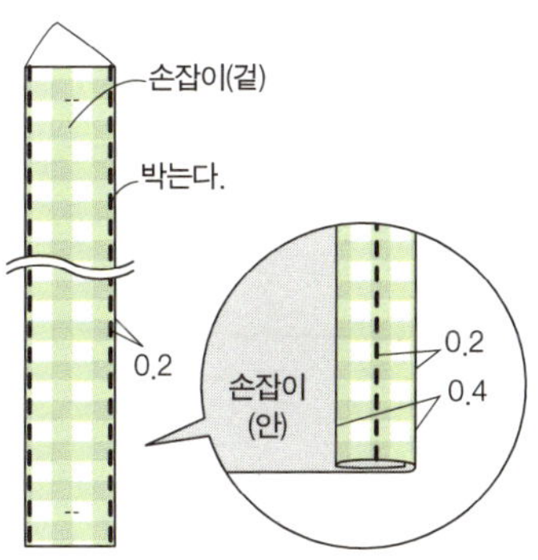
손잡이(겉)
박는다.
0.2
손잡이
(안)
0.2
0.4

⑥ 본체에 손잡이를 달아주세요.

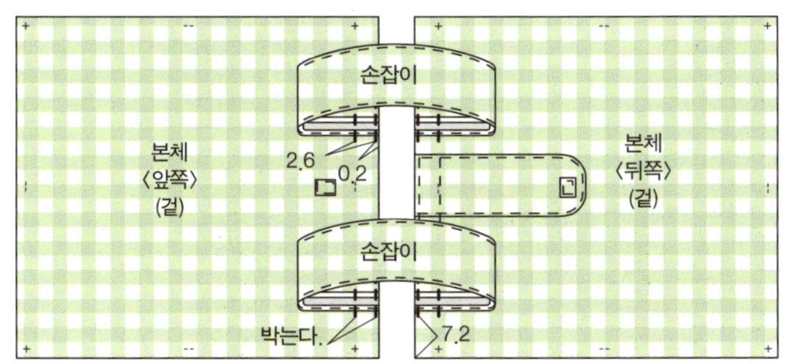
손잡이
본체
〈앞쪽〉
(겉)
2.6
0.2
본체
〈뒤쪽〉
(겉)
손잡이
박는다.
7.2

⑦ 본체의 가장자리를 박으세요.

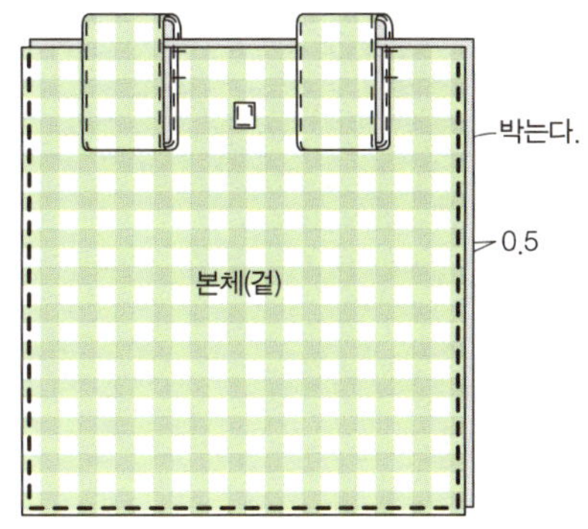
박는다.
0.5
본체(겉)

⑧ 안으로 뒤집어 가장자리를 한 번 더 박으세요.

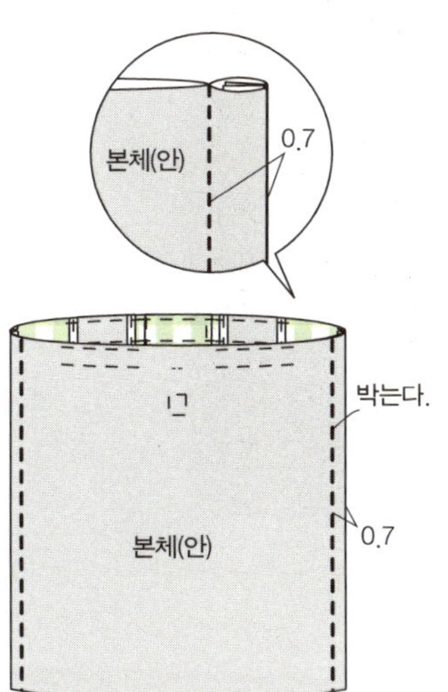
본체(안)
0.7
박는다.
본체(안)
0.7

⑨ 양 옆을 접고 바닥을 박으세요.

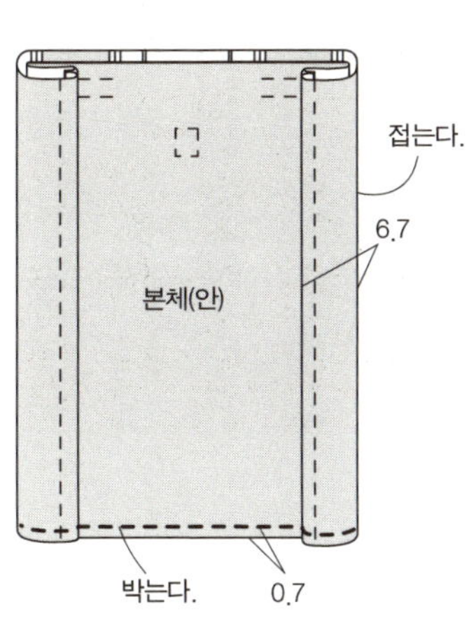
접는다.
6.7
본체(안)
박는다.
0.7

⑩ 입구를 마무리하면 완성.

0.2
손잡이
1.5
2
1
접은 모습

비닐봉투 스타일 07

# 간편한 고리 에코백

속주머니가 있어서 작은 물건도 넣을 수 있어요.
에코백을 착착 접으면 수납함으로도 변신하지요.

접어서
쏙 넣는다.

**준비물**

· 천(나일론) : 130㎝ × 50㎝

※ 본그리기의 ( )안은 시접 치수입니다.

※ 접는 방법

① 에코백을 뒤집어서 주머니를 밑에 놓고 그 위로 상하, 좌우를 접습니다.

② 주머니가 위로 오도록 돌려서 주머니 입구로 뒤집습니다.

## 완성 치수

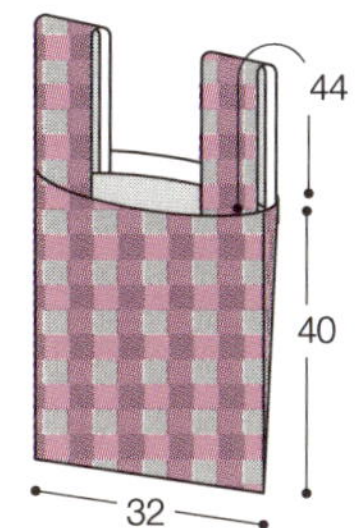

44
40
32


## 본 그리기

## 마름질

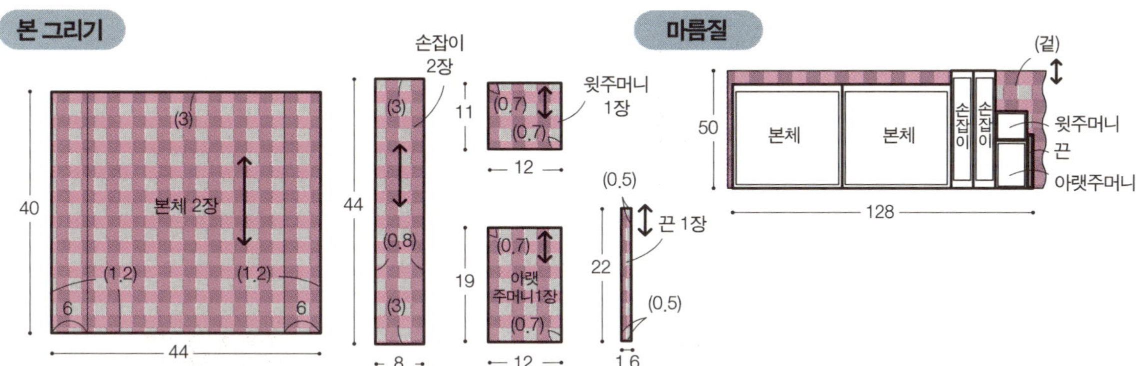

(3)
본체 2장
40
(1.2)
(1.2)
6
6
44
손잡이 2장
(3)
44
(0.8)
(3)
8
11
(0.7)
(0.7)
윗주머니 1장
12
19
(0.7)
아랫 주머니1장
(0.7)
12
(0.5)
끈 1장
22
(0.5)
1.6
(겉)
50
본체
본체
손잡이
손잡이
윗주머니
끈
아랫주머니
128


## 만드는 방법

① 주머니를 만들어요.

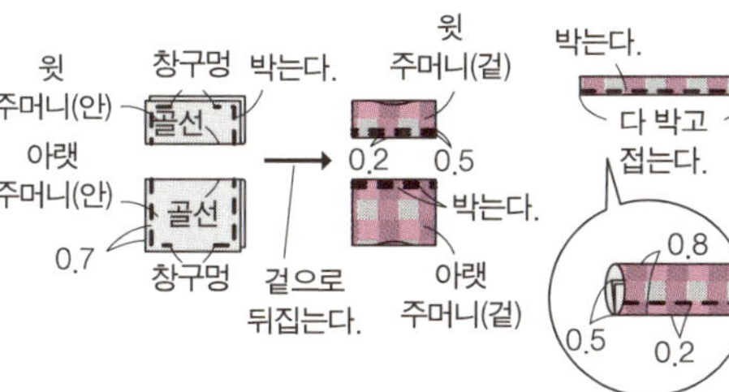

윗 주머니(안)
창구멍
박는다.
골선
아랫 주머니(안)
골선
0.7
창구멍
겉으로 뒤집는다.
윗 주머니(겉)
0.2
0.5
박는다.
아랫 주머니(겉)


② 끈을 만들어요.

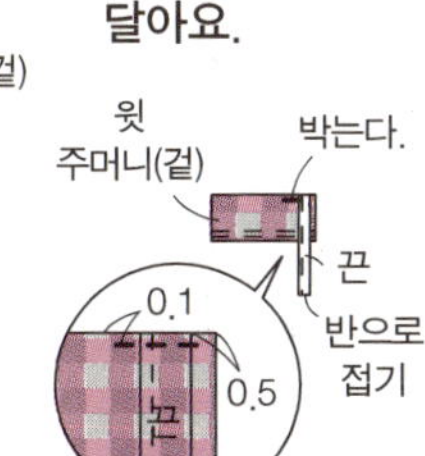

박는다.
끈(겉)
다 박고 접는다.
0.8
0.5
0.2


③ 주머니에 끈을 달아요.

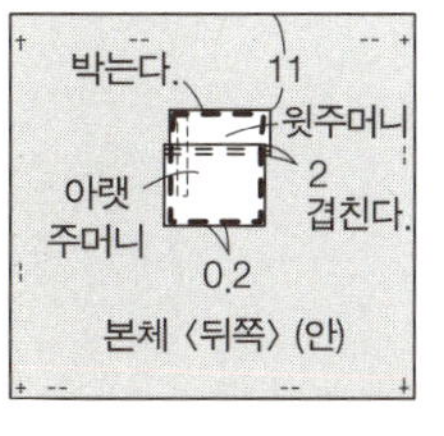

윗 주머니(겉)
박는다.
끈
반으로 접기
0.1
0.5
끈


④ 본체에 주머니를 달아요.

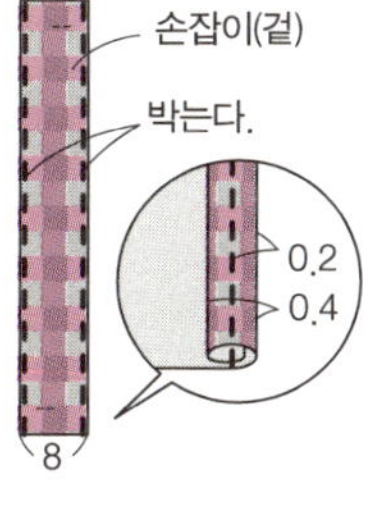

박는다.
11
윗주머니
2
겹친다.
아랫 주머니
0.2
본체 〈뒤쪽〉 (안)


⑤ 손잡이를 만들어요.

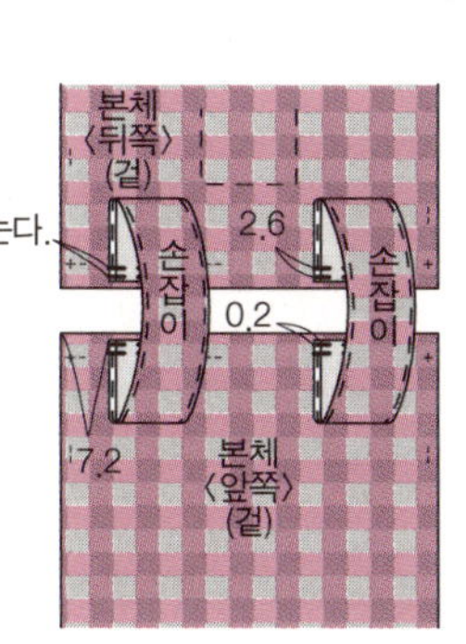

손잡이(겉)
박는다.
0.2
0.4
8


⑥ 본체에 손잡이를 달아주세요.

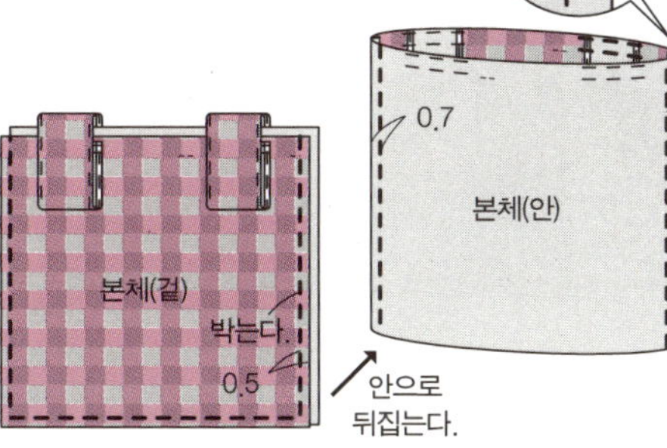

본체 〈뒤쪽〉 (겉)
박는다.
손잡이
2.6
손잡이
0.2
7.2
본체 〈앞쪽〉 (겉)


⑦ 본체의 가장자리를 박아 뒤집은 후 한 번 더 가장자리를 박으세요.


본체(겉)
박는다.
0.5
본체 (안)
0.7
박는다.
0.7
본체(안)
안으로 뒤집는다.


⑧ 양옆을 접고 바닥을 박으세요.

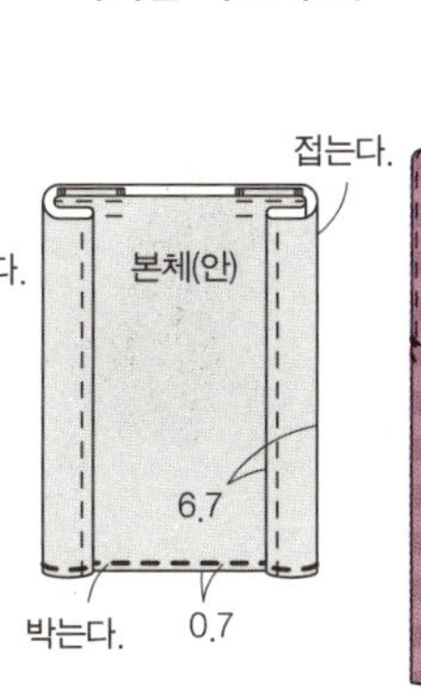

접는다.
본체(안)
6.7
박는다.
0.7


⑨ 입구를 마무리하면 완성.

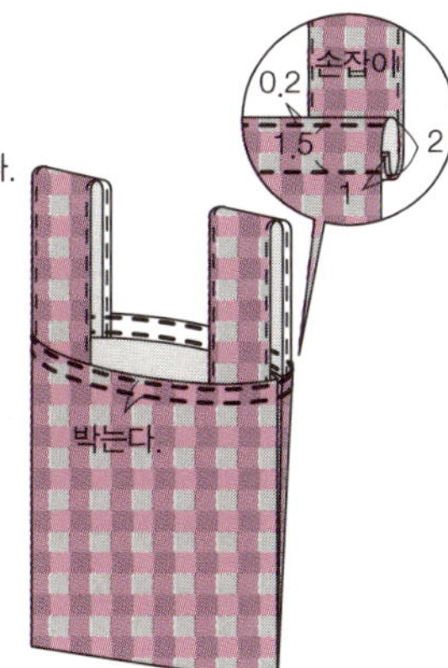

0.2
손잡이
1.5
2
1
박는다.

비닐봉투 스타일 08

## 간편한 벨트 에코백

웨빙 끈에 벨크로테이프를 달아 벨트를 만들었어요.
정해진 접는 방법은 없답니다.
편한 대로 작게 접어서 벨트로 고정해 보세요.

벨트로
고정해서
간편하게.

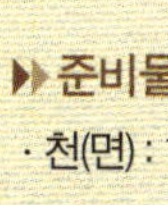

**준비물**

· 천(면) : 105㎝ × 55㎝
· 웨빙 끈(감색) : 2.5㎝ × 25㎝
· 벨크로테이프(감색) : 2㎝ × 5㎝
※ 본그리기의 ( )안은 시접 치수입니다.
※ 벨트는 손잡이에 달아놓거나 에코백을 돌돌 말아서 고정해 놓습니다.

## 완성 치수


44
40
2.5
22
32


## 본 그리기

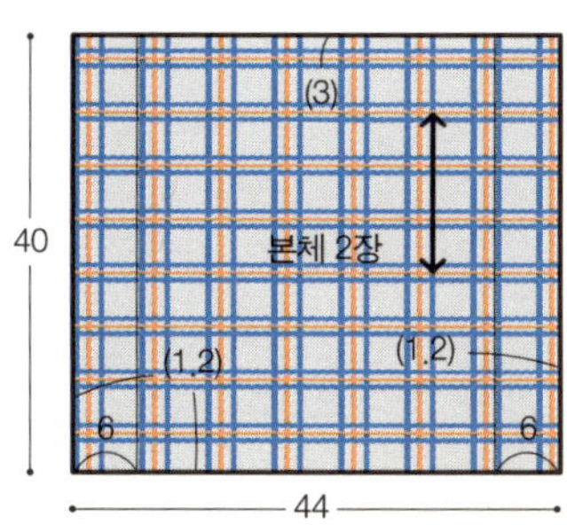

(3)
본체 2장
40
(1.2)
(1.2)
6
6
44


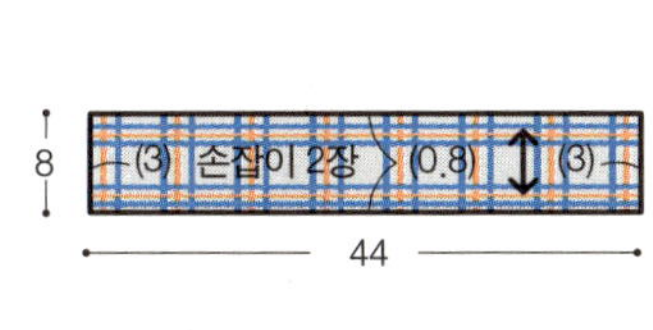

8
(3) 손잡이 2장 (0.8)
(3)
44


## 마름질

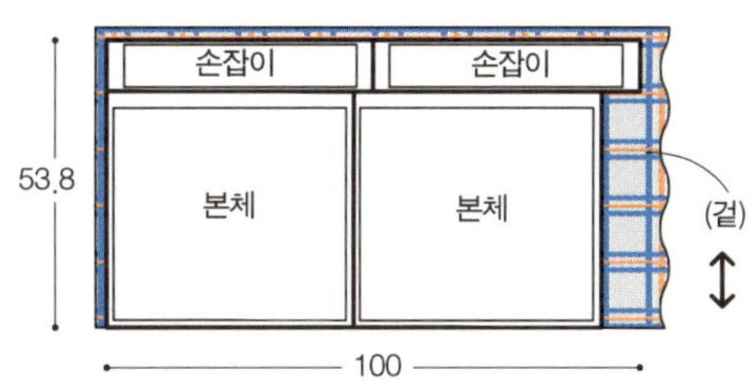

손잡이
손잡이
53.8
본체
본체
(겉)
100


## 만드는 방법

① 손잡이와 벨트를 만드세요.

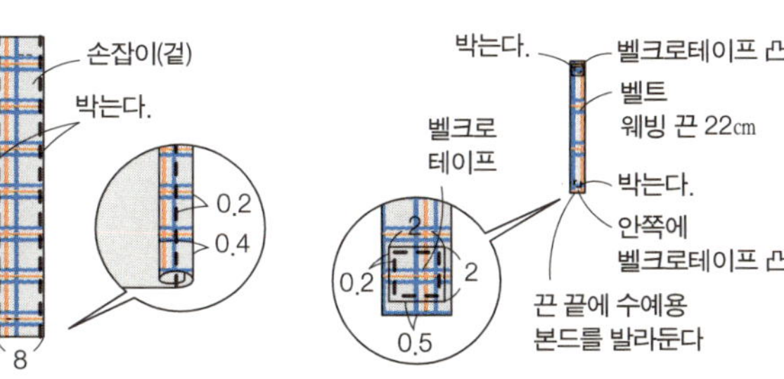

손잡이(겉)
박는다.
0.2
0.4
8
박는다.
벨크로테이프 凸
벨트
웨빙 끈 22㎝
벨크로
테이프
박는다.
안쪽에
벨크로테이프 凸
2
0.2
2
0.5
끈 끝에 수예용
본드를 발라둔다


② 본체에 손잡이를 달아주세요.

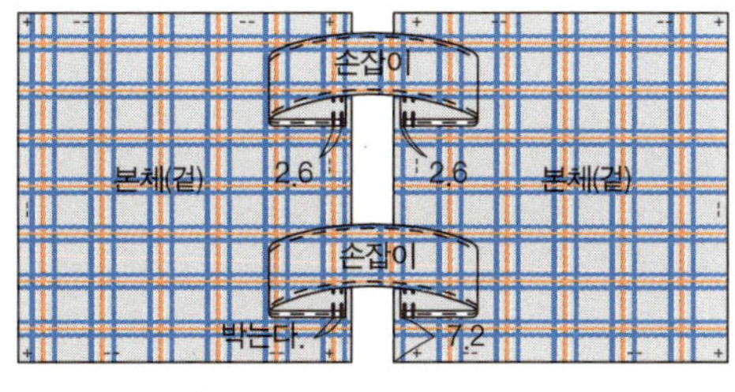

손잡이
본체(겉)
2.6
2.6
본체(겉)
손잡이
박는다.
7.2


③ 본체의 가장자리를 박은 후 안으로 뒤집어 한 번 더 가장자리를 박으세요.

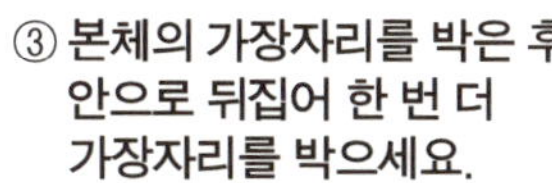

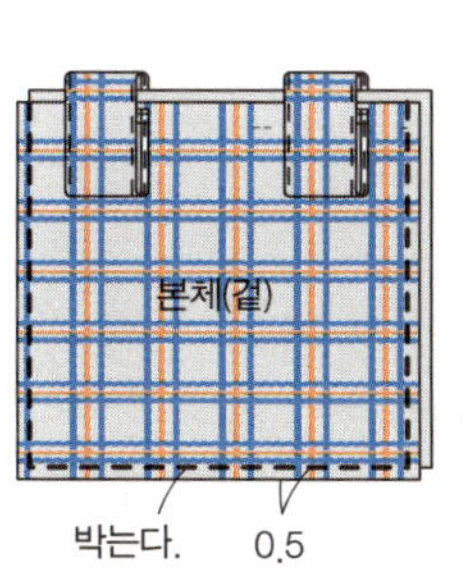

본체(겉)
박는다.
0.5
안으로
뒤집는다


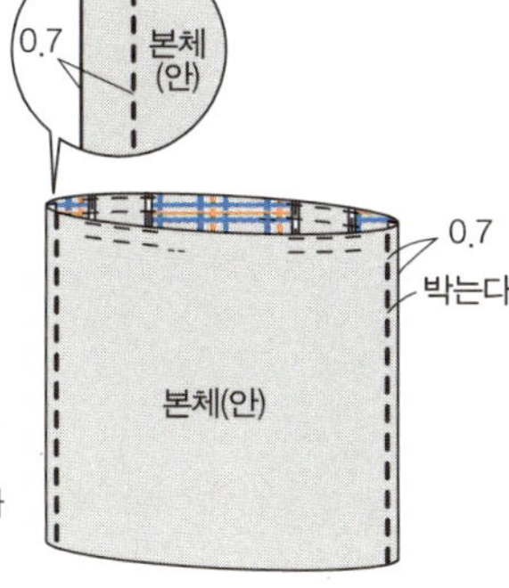

0.7
본체
(안)
0.7
박는다.
본체(안)


④ 양옆을 접고 바닥을 박으세요.

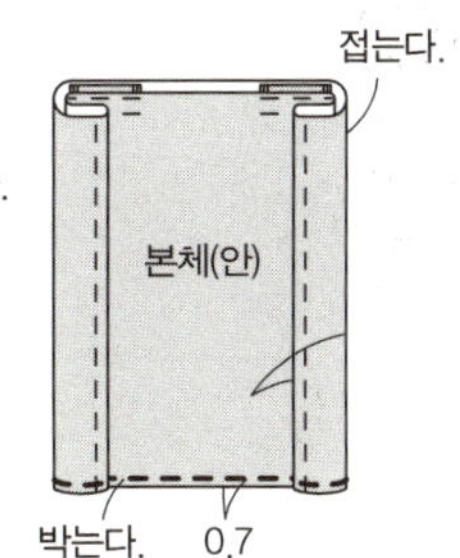

접는다.
본체(안)
박는다.
0.7


⑤ 입구를 마무리하면 완성.

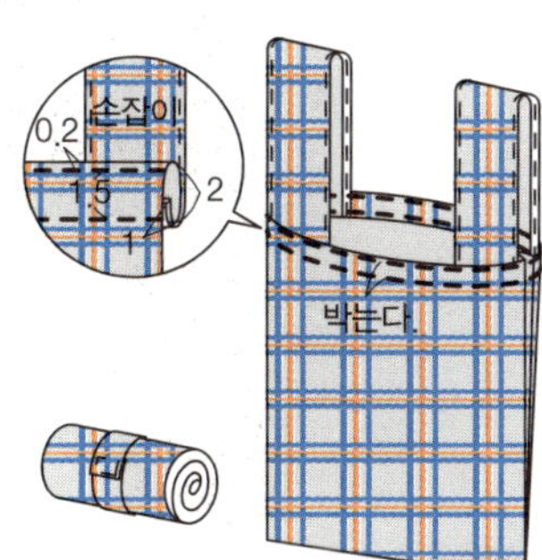

0.2
손잡이
1.5
2
1
박는다.

심플 스타일 01·02

# 무지 리넨 에코백

무지 리넨으로 만들어 내추럴한 멋이 있는 에코백이에요. 비닐봉투처럼 측면이 안쪽으로 접혀 있어 물건을 많이 넣을 수 있습니다. 손잡이가 길어서 어깨에 멜 수도 있어요.

01
02
SWEET HOME

**▶▶ 준비물**

- 천(리넨) : 115㎝ × 70㎝
- 접착심지 : 15㎝ × 10㎝
- 25번 자수실 : (연지색)

※ 본그리기의 ( )안은 시접 치수입니다.

※ 자수 도안은 89쪽을 참조하세요.

## 완성 치수

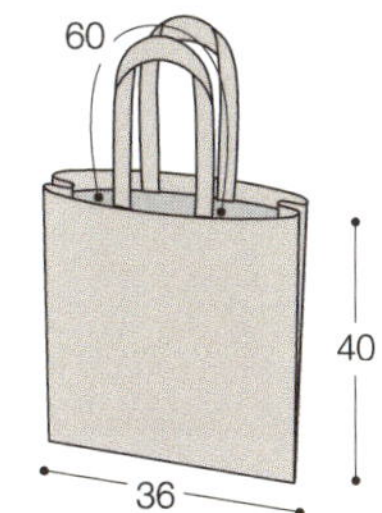
60
40
36

## 본 그리기

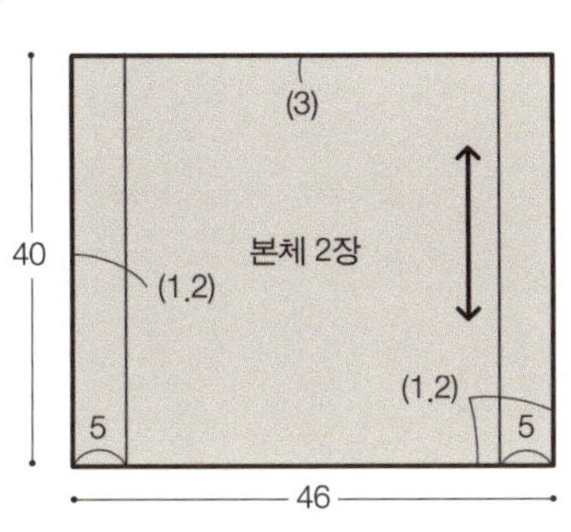
(3)
본체 2장
40
(1.2)
(1.2)
5
5
46

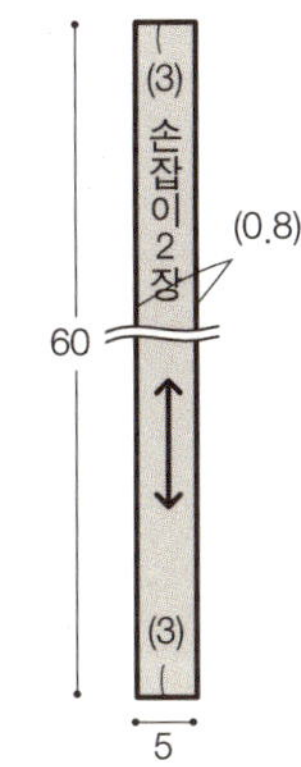
(3)
손잡이 2장
(0.8)
60
(3)
5

## 마름질

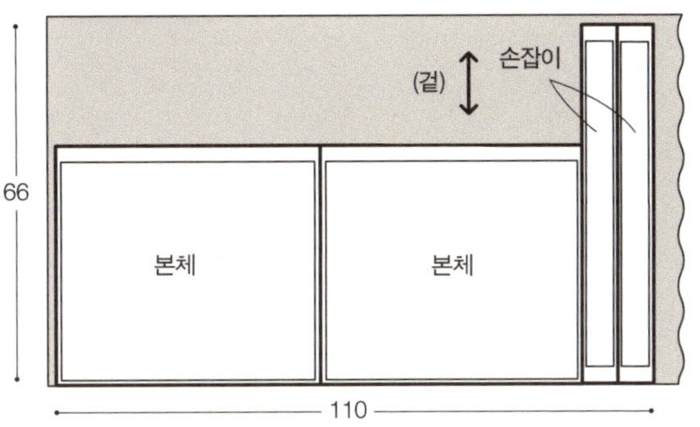
(겉)
손잡이
66
본체
본체
110

## 만드는 방법

① 본체에 수를 놓으세요.

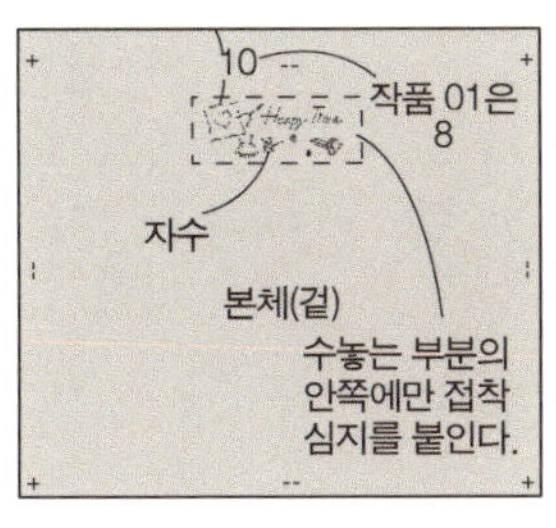
10
작품 01은 8
자수
본체(겉)
수놓는 부분의 안쪽에만 접착 심지를 붙인다.

② 손잡이를 만드세요.

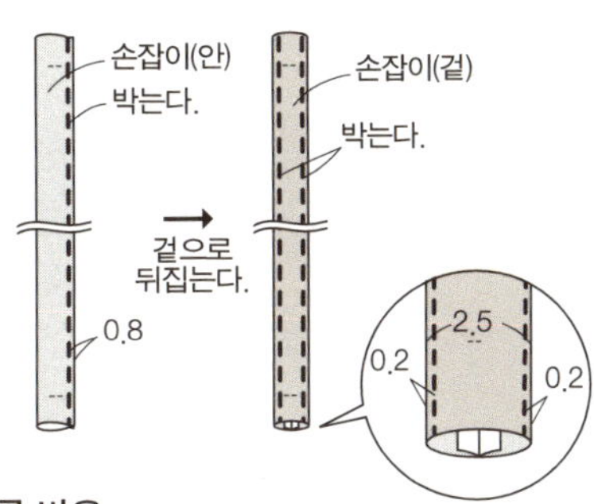
손잡이(안)
박는다.
0.8
겉으로 뒤집는다.
손잡이(겉)
박는다.
2.5
0.2
0.2

③ 본체에 손잡이를 달아주세요.

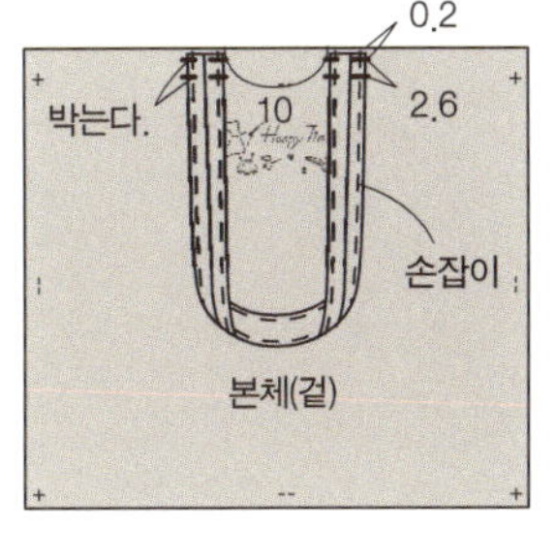
0.2
박는다.
10
2.6
손잡이
본체(겉)

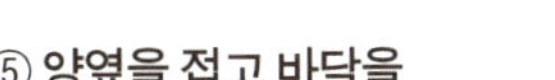

④ 본체의 가장자리를 박은 후 안으로 뒤집어서 한 번 더 가장자리를 박으세요.

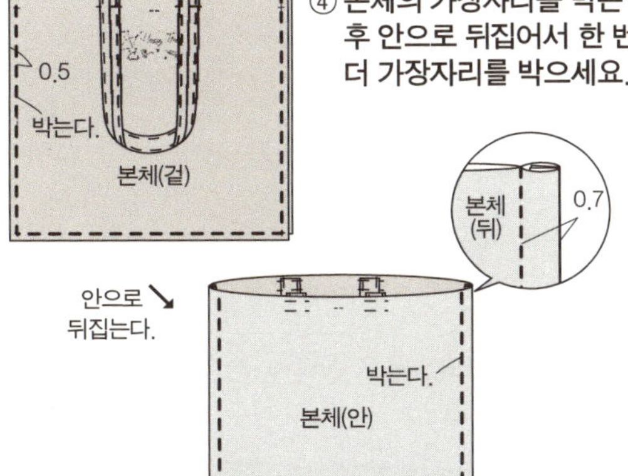
0.5
박는다.
본체(겉)
안으로 뒤집는다.
본체(뒤)
0.7
박는다.
본체(안)

⑤ 양옆을 접고 바닥을 박으세요.

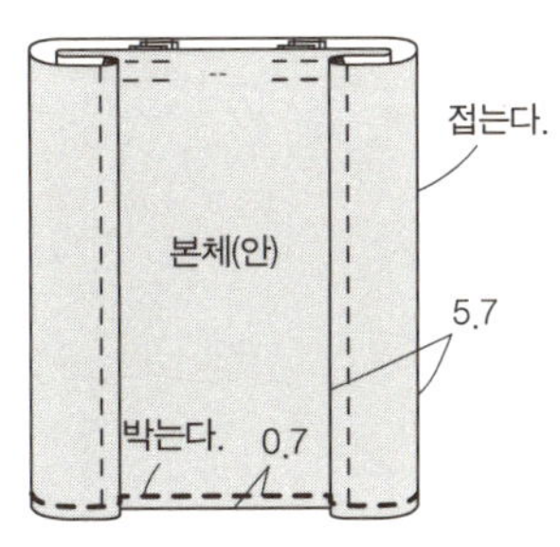
접는다.
본체(안)
5.7
박는다.
0.7

⑥ 입구를 마무리하면 완성.

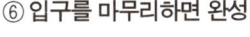

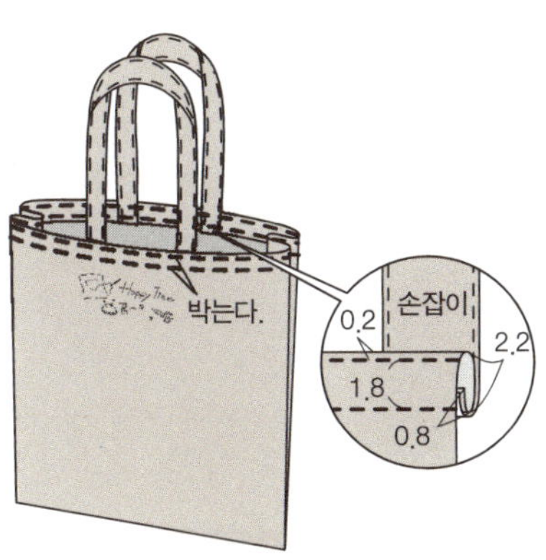
박는다.
0.2
손잡이
2.2
1.8
0.8

심플 스타일 03

# 오렌지 리본 에코백

펼쳐서 보면 납작하지만 비닐봉지처럼 측면이 안쪽으로 접혀 들어가요. 오렌지색 리본을 달아 펼쳤을 때 귀여운 포인트가 되고 돌돌 말아서 끈으로 사용할 수 있어요.

오렌지색 리본으로
심플하게 묶었어요.

준비물

· 천(면) : 115cm×70cm

· 리본(오렌지색) : 0.8cm×50cm

※ 본그리기의 ( )안은 시접 치수입니다.

## 완성 치수

60
40
36


## 본 그리기

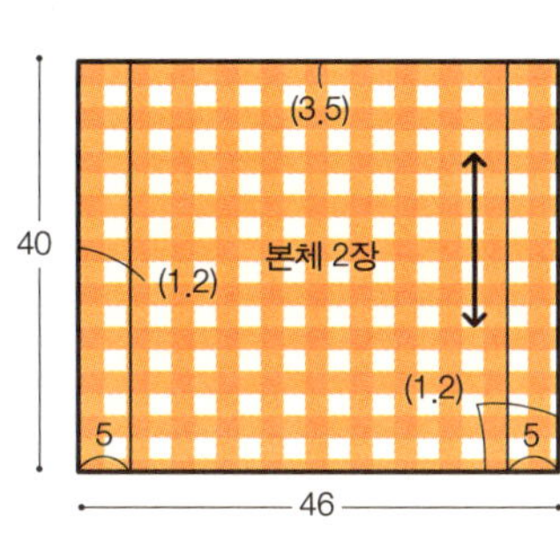

(3.5)
40
(1.2)
본체 2장
(1.2)
5
5
46


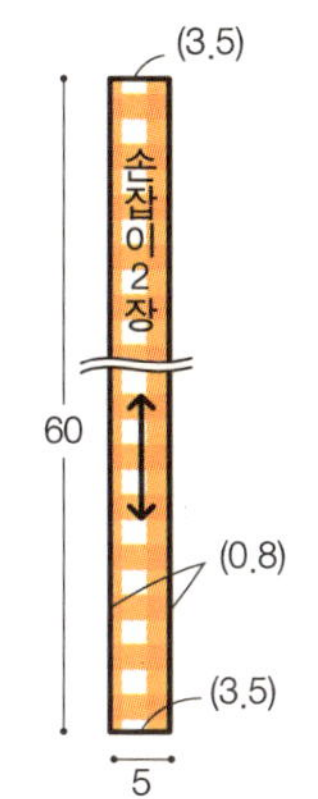

(3.5)
손잡이 2장
60
(0.8)
(3.5)
5


## 마름질

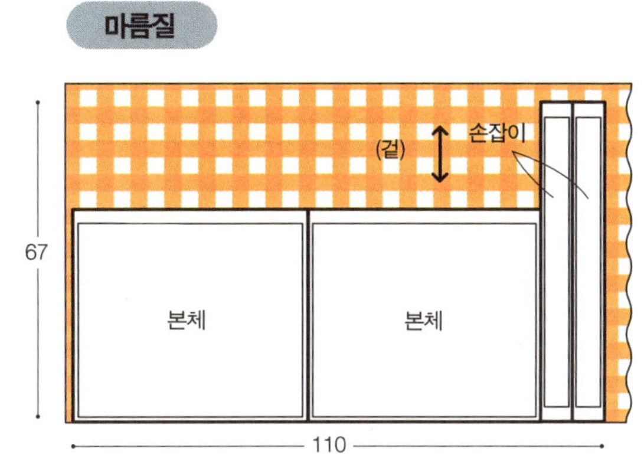

(겉)
손잡이
67
본체
본체
110


## 만드는 방법

① 손잡이를 만드세요.

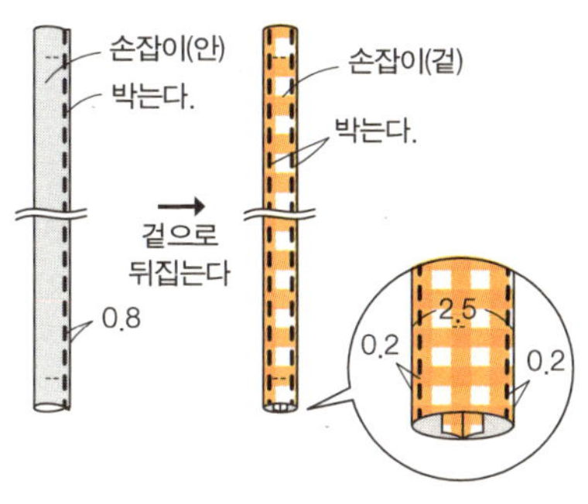

손잡이(안)
박는다.
손잡이(겉)
박는다.
겉으로 뒤집는다
0.8
2.5
0.2
0.2


② 본체에 손잡이를 달아주세요.

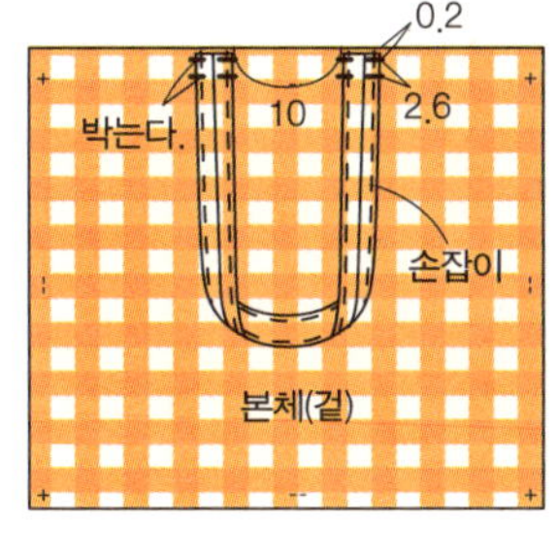

0.2
박는다.
10
2.6
손잡이
본체(겉)


③ 본체의 가장자리를 박으세요.

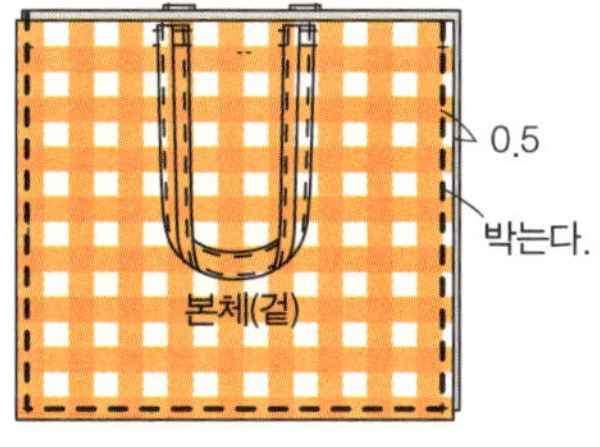

0.5
박는다.
본체(겉)


④ 안으로 뒤집어 한 번 더 가장자리를 박으세요.

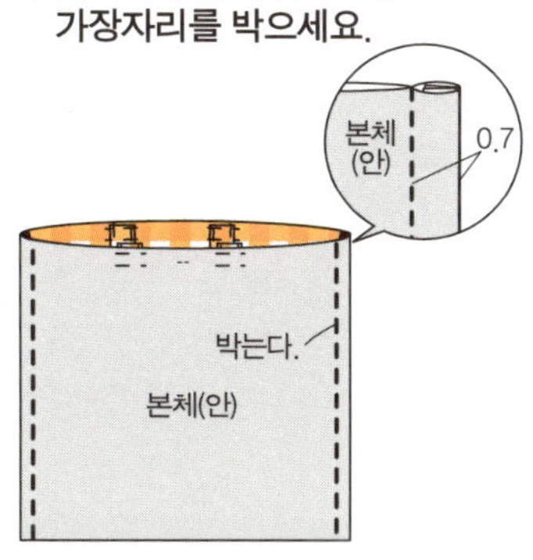

본체 (안)
0.7
박는다.
본체(안)


⑤ 양옆을 접고 바닥을 박으세요.

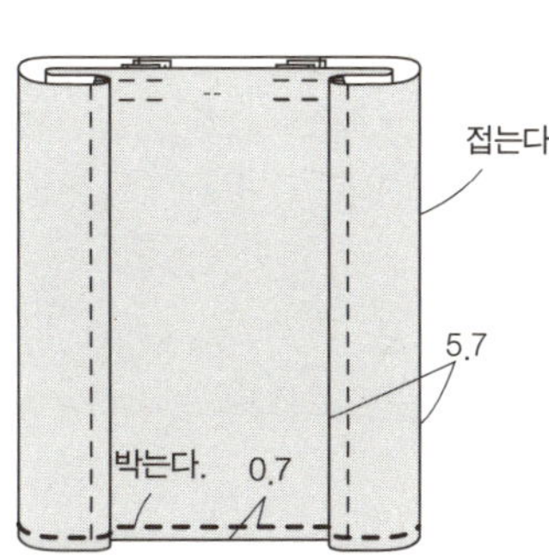

접는다.
5.7
박는다.
0.7


⑥ 입구를 마무리하고 리본을 달면 완성

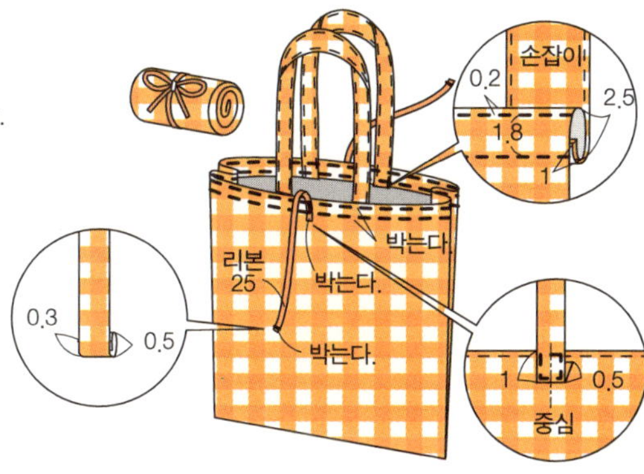

손잡이
0.2
2.5
1.8
1
박는다.
리본 25
박는다.
박는다.
0.3
0.5
1
0.5
중심

심플 스타일 04

# 앞주머니 에코백

주머니가 달린 납작한 모양의 에코백입니다.
앞의 작품은 수를 놓거나 리본을 달아 포인트를 주었지만,
이 작품에는 앞면에 주머니를 달아 실용성을 높였습니다.

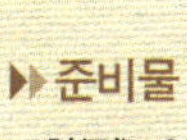

**▶▶ 준비물**

· 천(면) : 85㎝ × 90㎝

※ 본그리기의 ( )안은 시접 치수입니다.

## 완성 치수

60
40
36


## 본 그리기

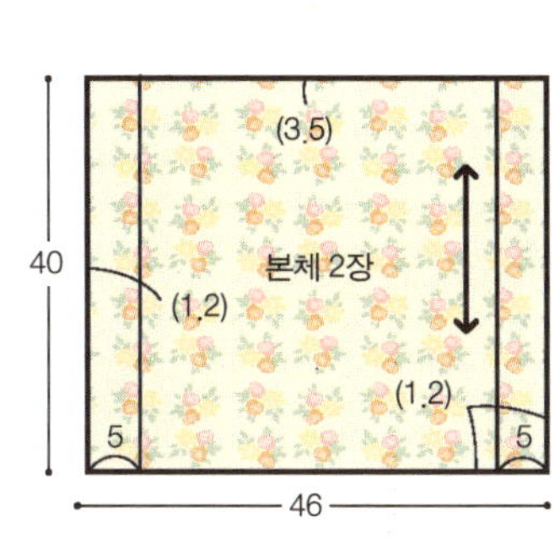

(3.5)
40
본체 2장
(1.2)
(1.2)
5
5
46


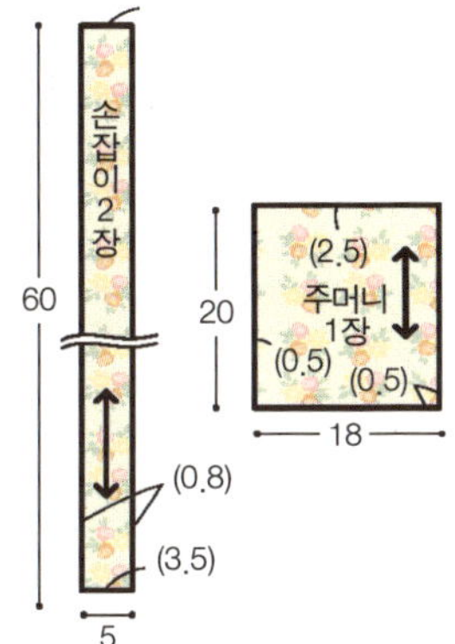

손잡이 2장
60
(0.8)
(3.5)
5
(2.5)
20
주머니 1장
(0.5)
(0.5)
18


## 마름질

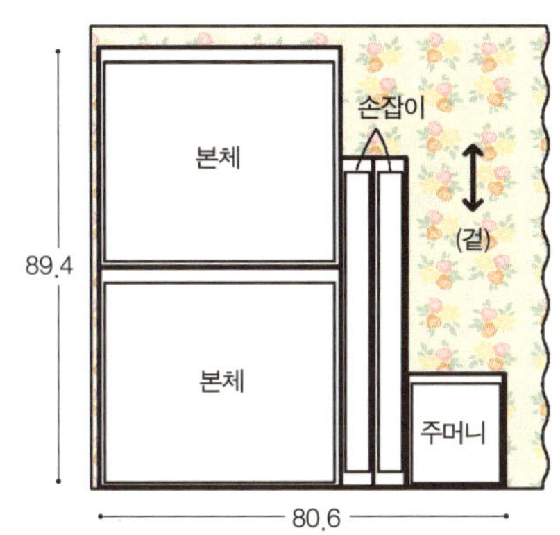

본체
손잡이
(겉)
89.4
본체
주머니
80.6


## 만드는 방법

① 주머니 입구를 박으세요.

0.2
1.7
1.2
0.8
박는다.
주머니(겉)


② 본체에 주머니를 달아주세요.

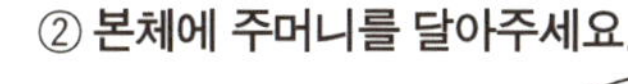

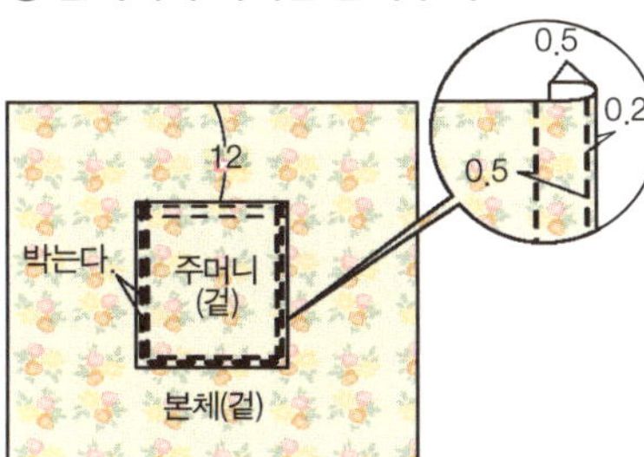

0.5
0.2
0.5
12
박는다.
주머니 (겉)
본체(겉)


③ 손잡이를 만들어요.

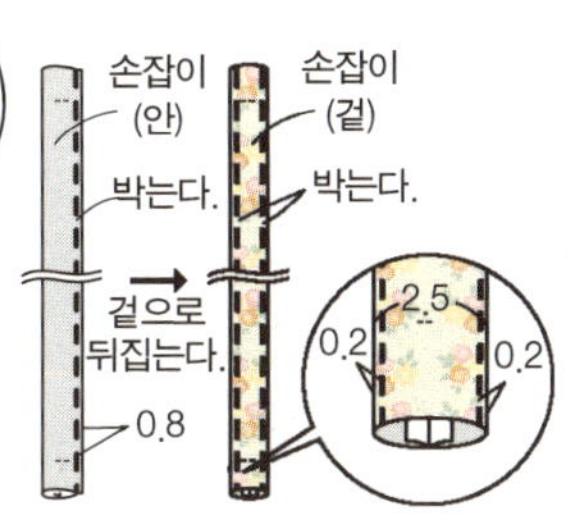

손잡이 (안)
손잡이 (겉)
박는다.
박는다.
겉으로 뒤집는다.
0.8
2.5
0.2
0.2


④ 본체에 손잡이를 달아요.

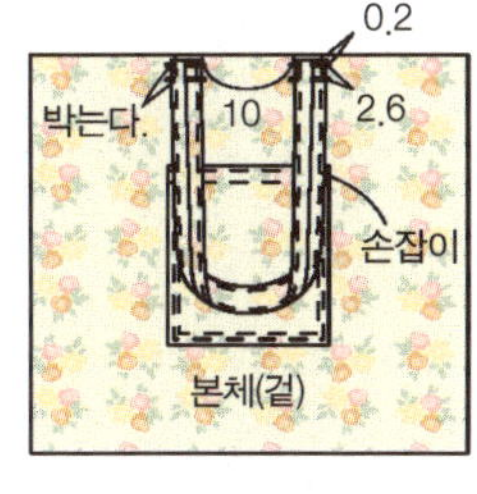

0.2
박는다.
10
2.6
손잡이
본체(겉)


⑤ 본체의 가장자리를 박으세요.

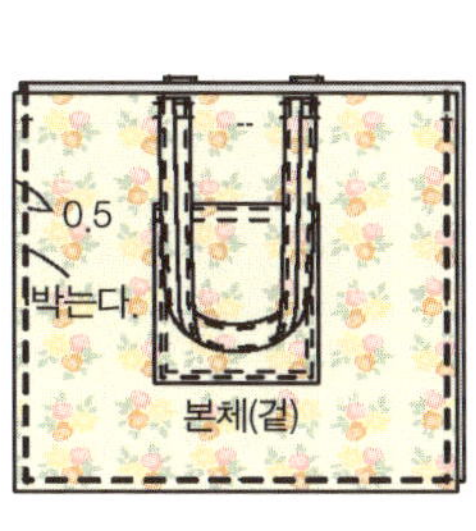

0.5
박는다.
본체(겉)


⑥ 안으로 뒤집어 가장자리를 한 번 더 박으세요.

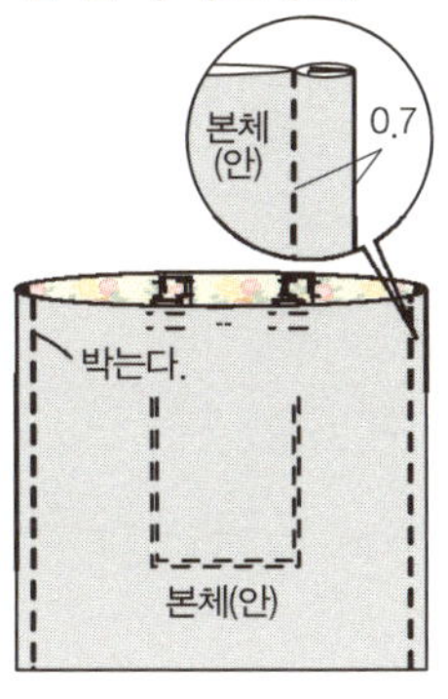

본체 (안)
0.7
박는다.
본체(안)


⑦ 양옆을 접고 바닥을 박으세요.

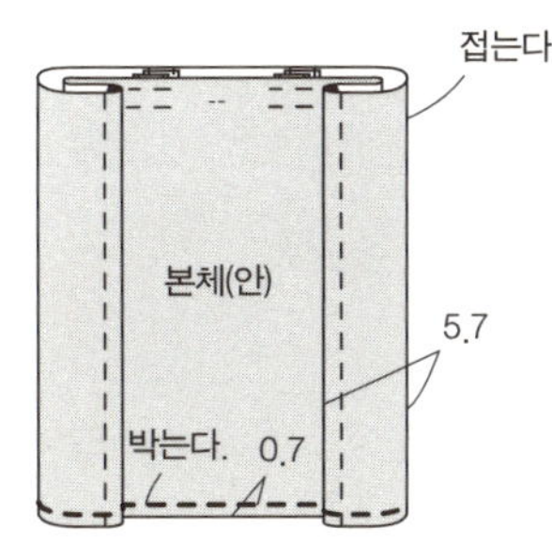

접는다.
본체(안)
5.7
박는다.
0.7


⑧ 입구를 마무리하면 완성.

0.2
손잡이
2.5
1.8
1
박는다.

심플 스타일 05

# 나무 단추 에코백

멋스런 나무 단추에 고무줄을 단 가방이에요.
물건을 많이 넣어도 입구가 벌어지지 않고
접어서 보관할 때도 참 편리합니다.

Campbell's
Healthy Request
MINESTRONE
SOLEA
POLENTA
접을 때도
편리해요.

▶▶ 준비물

· 천(면) : 70㎝ × 90㎝
· 고무줄(진한 갈색) : 0.3㎝(굵기) × 20㎝
· 나무 단추 : 3㎝ 크기 1개
※ 본그리기의 ( )안은 시접 치수입니다.

## 완성 치수

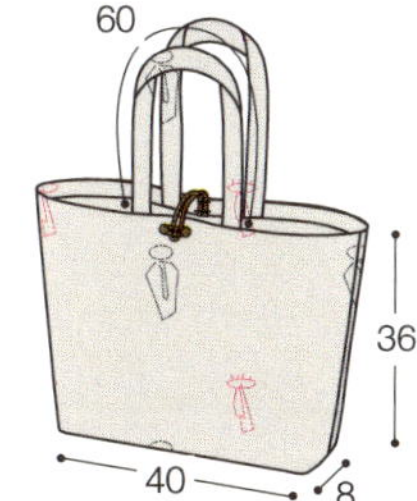

60
36
40
8


## 본 그리기

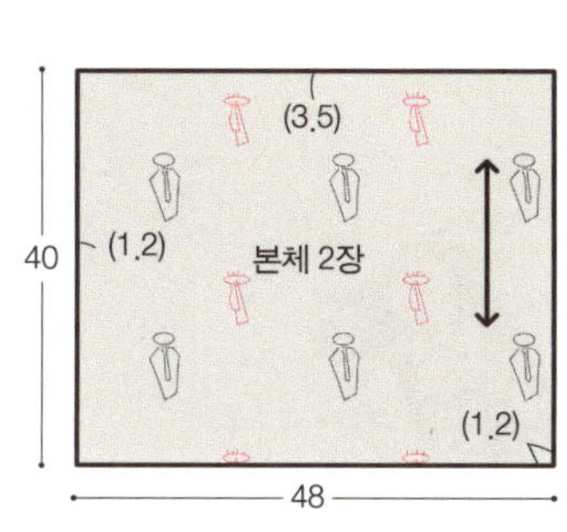

(3.5)
40
(1.2)
본체 2장
(1.2)
48


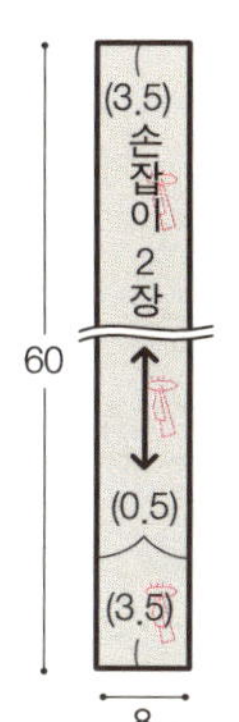

(3.5)
손잡이 2장
60
(0.5)
(3.5)
8


## 마름질

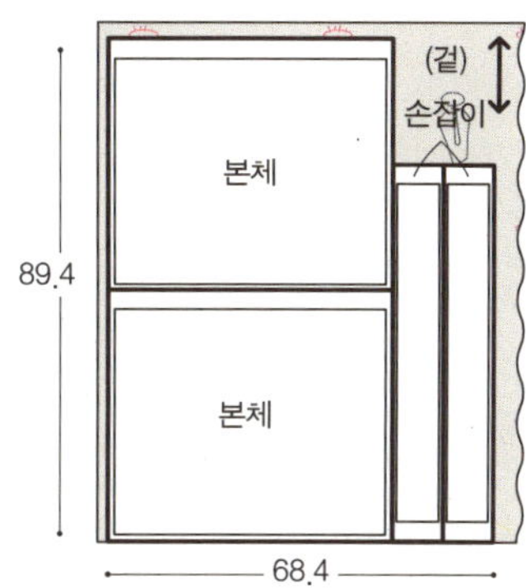

(겉)
손잡이
본체
89.4
본체
68.4


## 만드는 방법

① 손잡이를 만드세요.

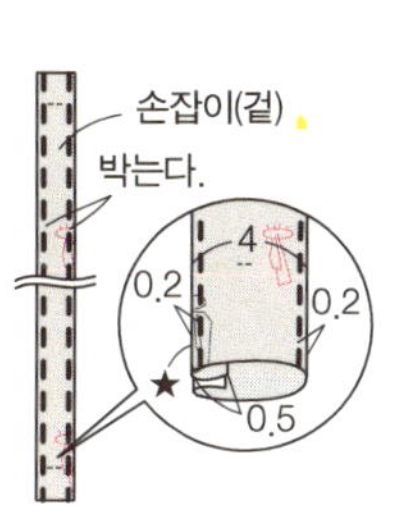

손잡이(겉)
박는다.
4
0.2
0.2
0.5


② 본체에 손잡이를 달아주세요.

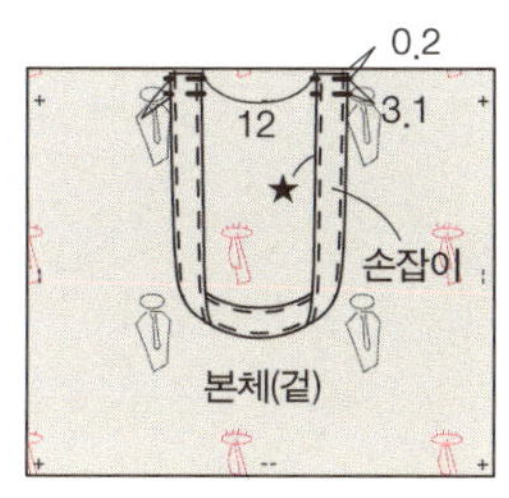

0.2
12
3.1
손잡이
본체(겉)


③ 본체의 가장자리를 박은 후 안으로 뒤집어 가장자리를 한 번 더 박으세요.

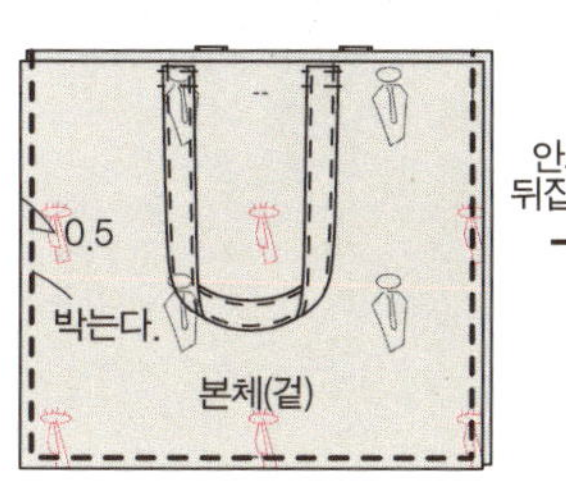

0.5
박는다.
본체(겉)
안으로
뒤집는다.


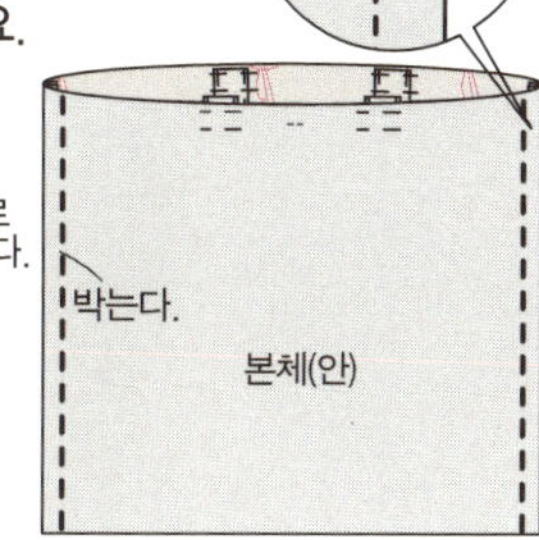

본체
(안)
0.7
박는다.
본체(안)


④ 옆선 아래를 박으세요.

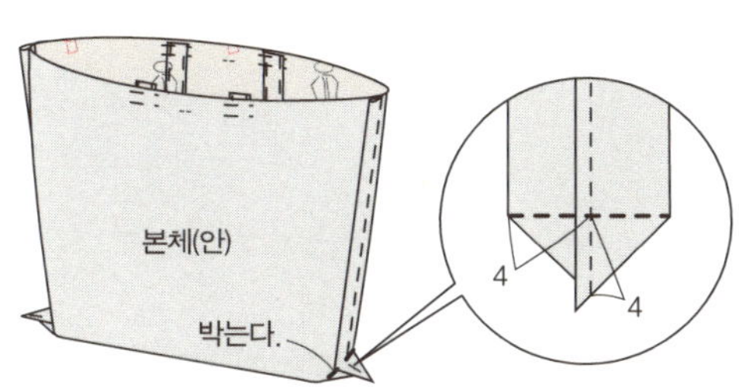

본체(안)
박는다.
4
4


⑤ 입구를 마무리하고 단추와 고무줄을 달면 완성.

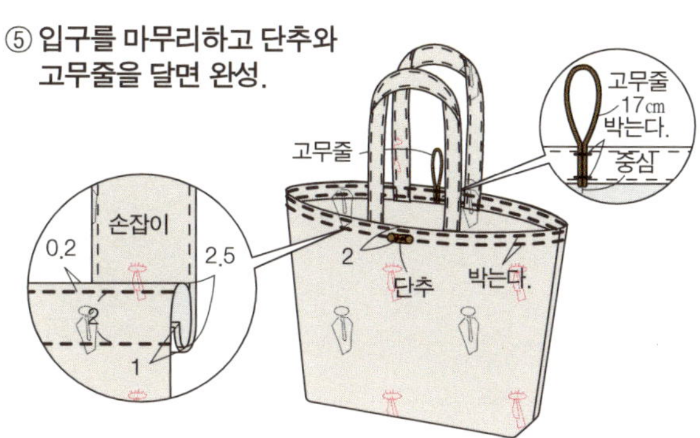

고무줄
17㎝
박는다.
중심
고무줄
손잡이
0.2
2.5
2
1
2
단추
박는다.

심플 스타일 06

# 바닥이 넉넉한 에코백

바닥 품을 넉넉하게 두어 물건을 많이 담을 수 있어요.
앞면에 주머니를 달아서 더욱 실용적인 가방이에요.
연둣빛 체크 무늬가 싱그럽게 느껴집니다.

Ricola
Alpin Fresh
sugar free

**준비물**

- 천(면) : 140㎝ × 65㎝

※ 본그리기의 ( )안은 시접 치수입니다.

## 완성 치수

55
36
30
18


## 본 그리기

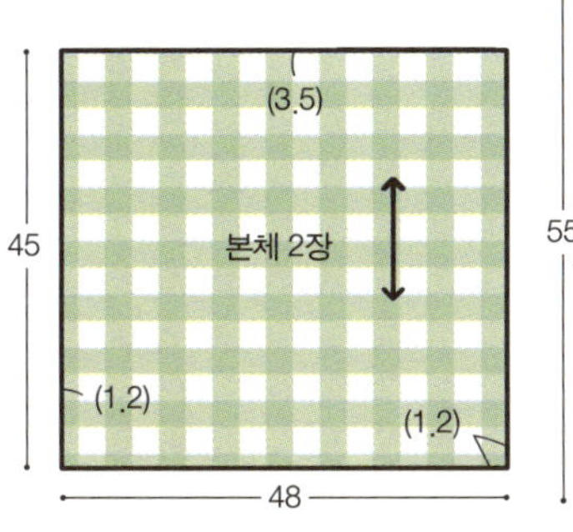

(3.5)
45
본체 2장
(1.2)
(1.2)
48


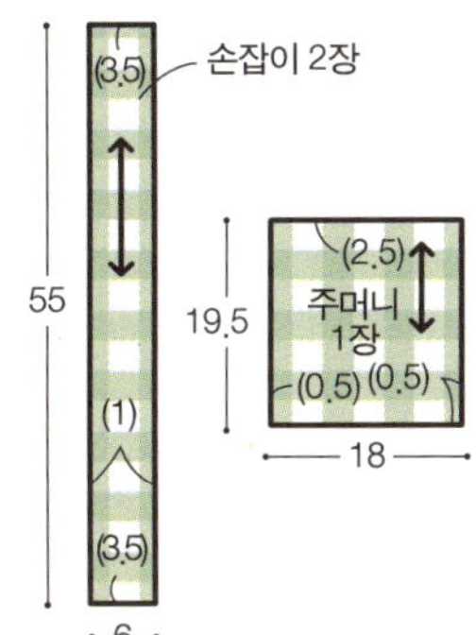

(3.5)
손잡이 2장
55
(1)
(3.5)
6
19.5
(2.5)
주머니 1장
(0.5)
(0.5)
18


## 마름질

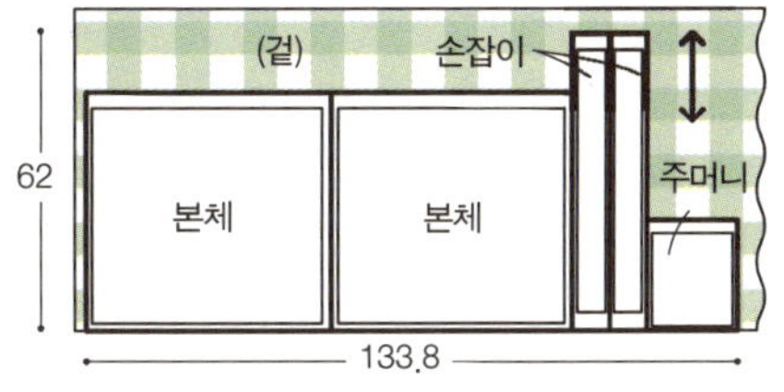

(겉)
손잡이
62
본체
본체
주머니
133.8


## 만드는 방법

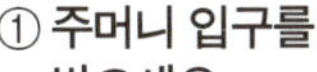

① 주머니 입구를 박으세요.

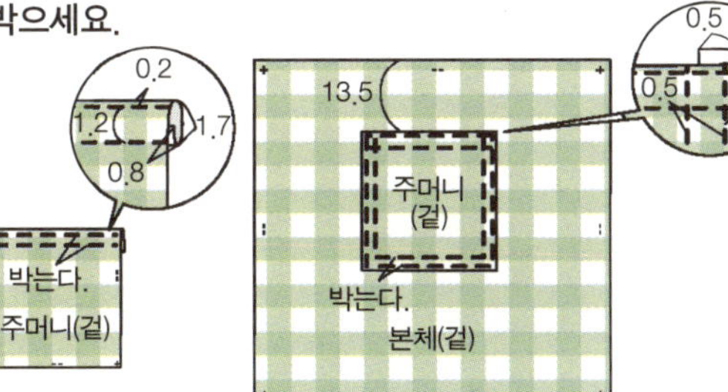

0.2
1.2
1.7
0.8
박는다.
주머니(겉)


② 본체에 주머니를 달아주세요.


13.5
0.5
0.5
0.2
주머니 (겉)
박는다.
본체(겉)


③ 손잡이와 벨트를 만드세요.

0.2
3
0.2
1


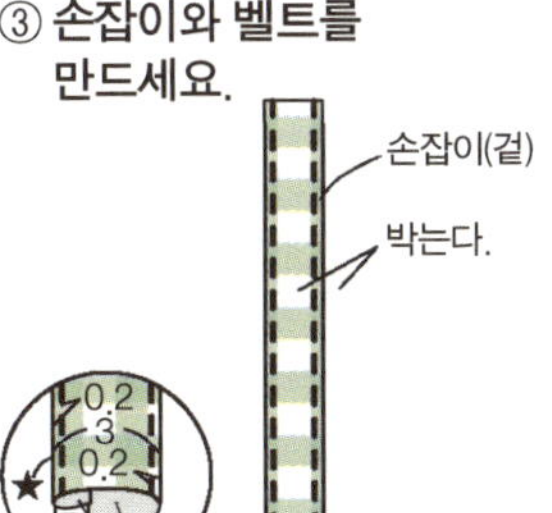

손잡이(겉)
박는다.


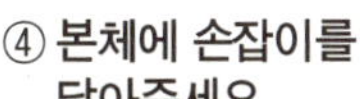

④ 본체에 손잡이를 달아주세요.

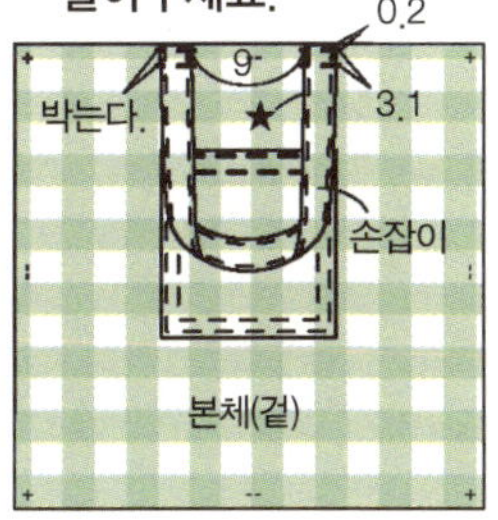

0.2
9
3.1
박는다.
손잡이
본체(겉)


⑤ 본체의 가장자리를 박은 후 안으로 뒤집어 가장자리를 한 번 더 박으세요.

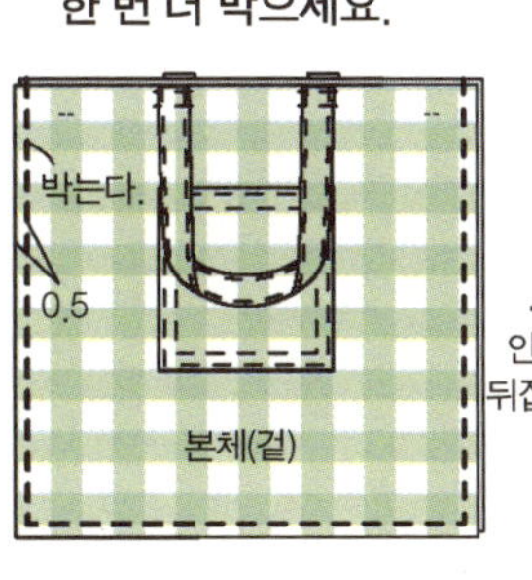

박는다.
0.5
본체(겉)


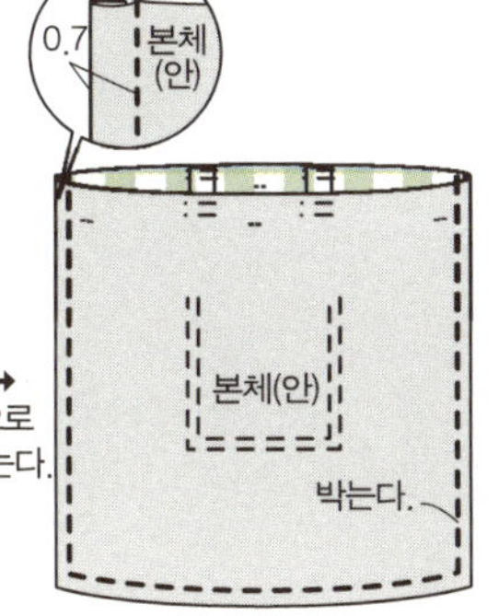

0.7
본체 (안)
안으로 뒤집는다.
본체(안)
박는다.


⑥ 옆선의 아래를 박으세요.

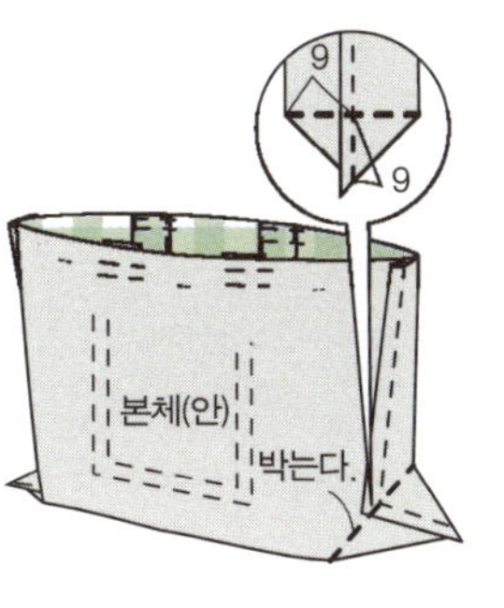

9
9
본체(안)
박는다.


⑦ 입구를 마무리하면 완성.

손잡이
0.2
2.5
1.5
1
박는다.

심플 스타일 07

# 작은 꽃무늬 에코백

작은 꽃무늬 원단을 사용해 심플하게 만들었어요.
바닥의 품이 넉넉해 물건을 많이 담을 수 있어요.
다른 장식이 없어도 작은 꽃무늬가 사랑스럽습니다.

▶▶ 준비물

· 천(면) : 95㎝ × 60㎝

※ 본그리기의 ( )안은 시접 치수입니다.

완성 치수

50
34.5
27
7


본 그리기

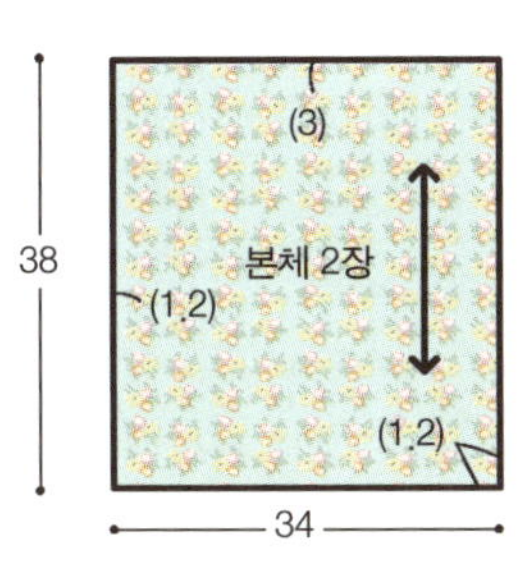

38
(3)
본체 2장
(1.2)
(1.2)
34


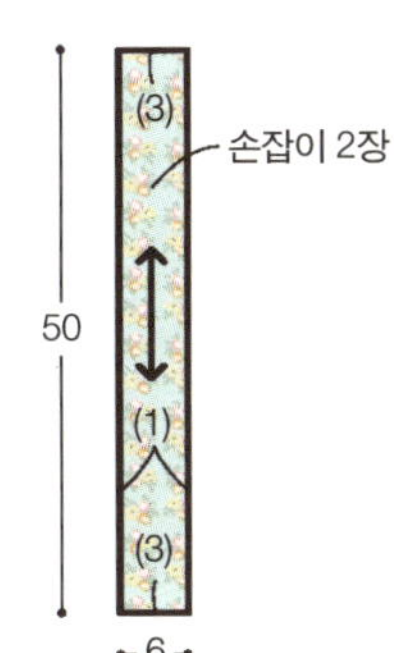

50
(3)
손잡이 2장
(1)
(3)
6


마름질

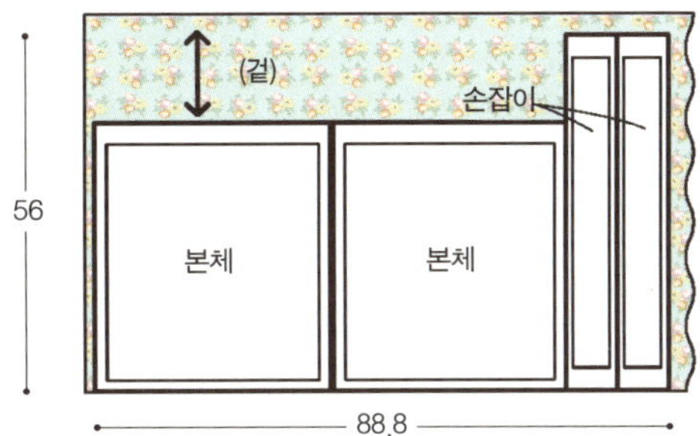

56
(겉)
손잡이
본체
본체
88.8


만드는 방법

① 손잡이를 만드세요.

② 본체에 손잡이를 달아주세요.

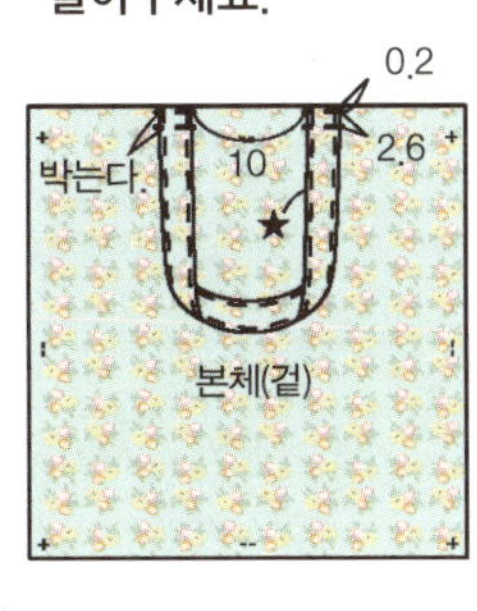

0.2
박는다.
10
2.6
본체(겉)
손잡이(겉)
박는다.
3
0.2
0.2
1


③ 본체의 가장자리를 박은 후 안으로 뒤집어 가장가리를 한번 더 박으세요.

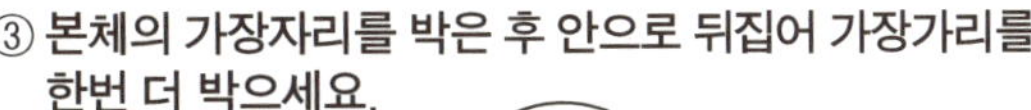

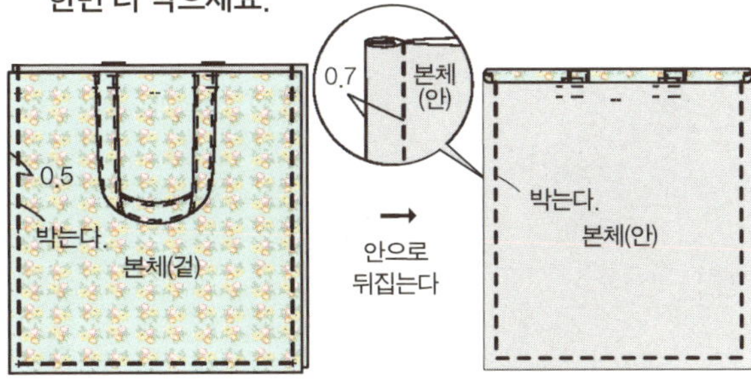

0.5
박는다.
본체(겉)
0.7
본체
(안)
안으로
뒤집는다
박는다.
본체(안)


④ 옆선의 아래를 박으세요.

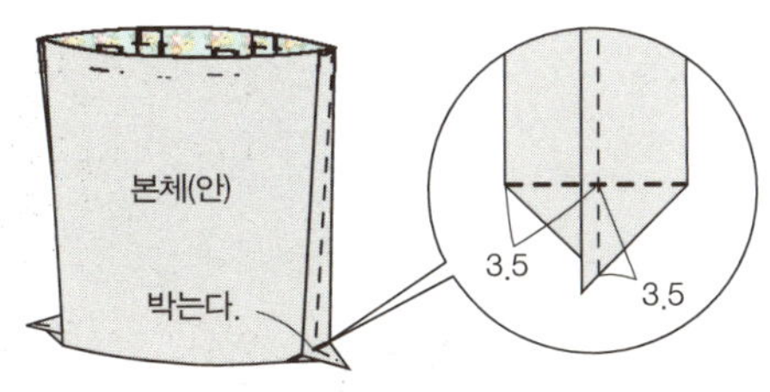

본체(안)
박는다.
3.5
3.5


⑤ 입구를 마무리하면 완성.

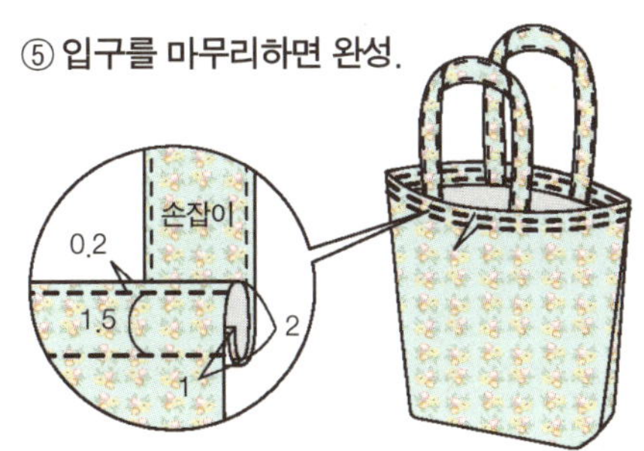

손잡이
0.2
1.5
2
1

심플 스타일 08

## 시원한 파랑 에코백

몸통과 손잡이가 연결되어 있으면서 앞뒤로 뚫린 에코백이에요.
파란 꽃무늬가 시원해보이는 이 가방은 장바구니로 쓸 수도 있지만,
가벼운 외출에 들어도 멋스럽고 손색이 없지요.

▶▶ 준비물

· 천(면) : 110㎝×75㎝

· 리본 끈(파란색) : 0.8㎝×55㎝

※ 본그리기의 ( )안은 시접 치수입니다.

완성 치수

40
16
34


본 그리기

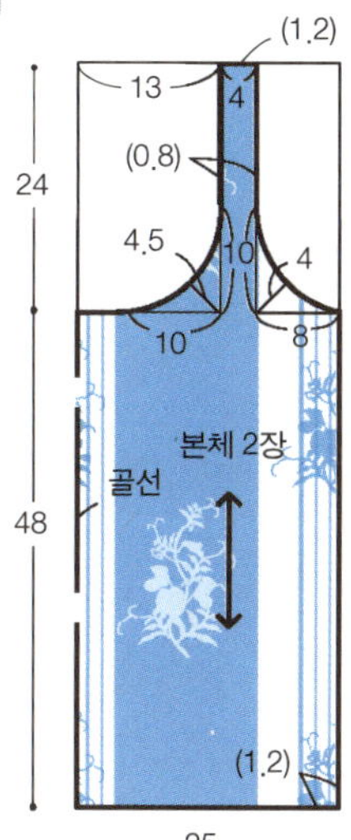

(1.2)
13
4
24
(0.8)
4.5
10
4
10
8
본체 2장
골선
48
(1.2)
25


마름질

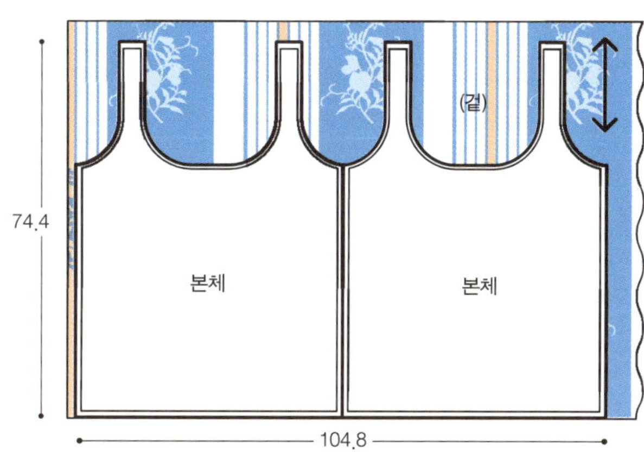

(겉)
74.4
본체
본체
104.8


만드는 방법

① 손잡이의 원단 끝을 말아서 박아주세요.

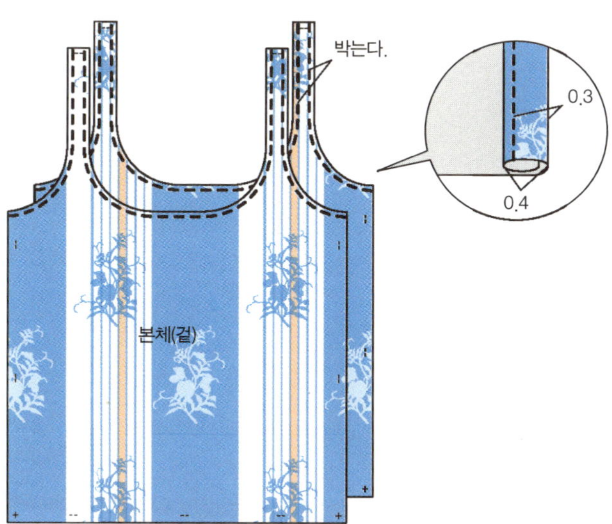

박는다.
0.3
0.4
본체(겉)


② 본체의 가장자리를 박으세요.

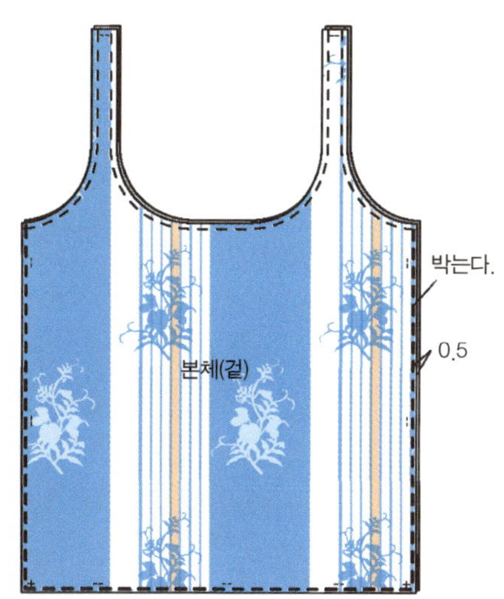

박는다.
0.5
본체(겉)

③ 안으로 뒤집어서 가장자리를 한 번 더 박으세요.

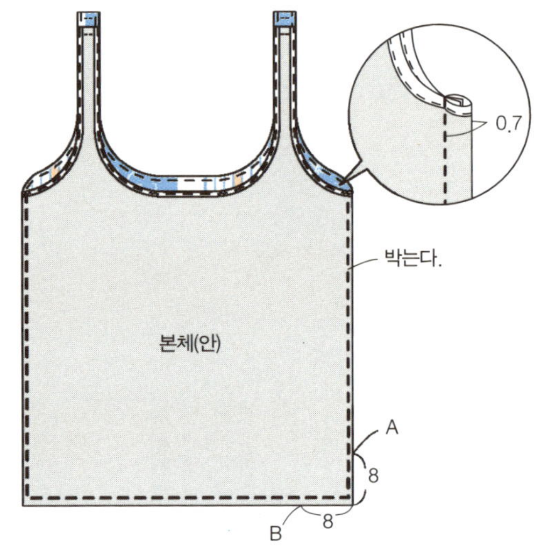
0.7
박는다.
본체(안)
A
8
B
8

④ 옆선 아래를 박으세요.

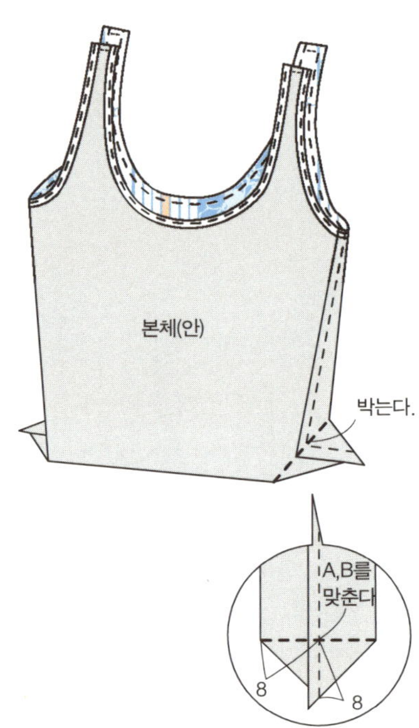
본체(안)
박는다.
A,B를
맞춘다
8
8

⑤ 손잡이를 봉합하세요.

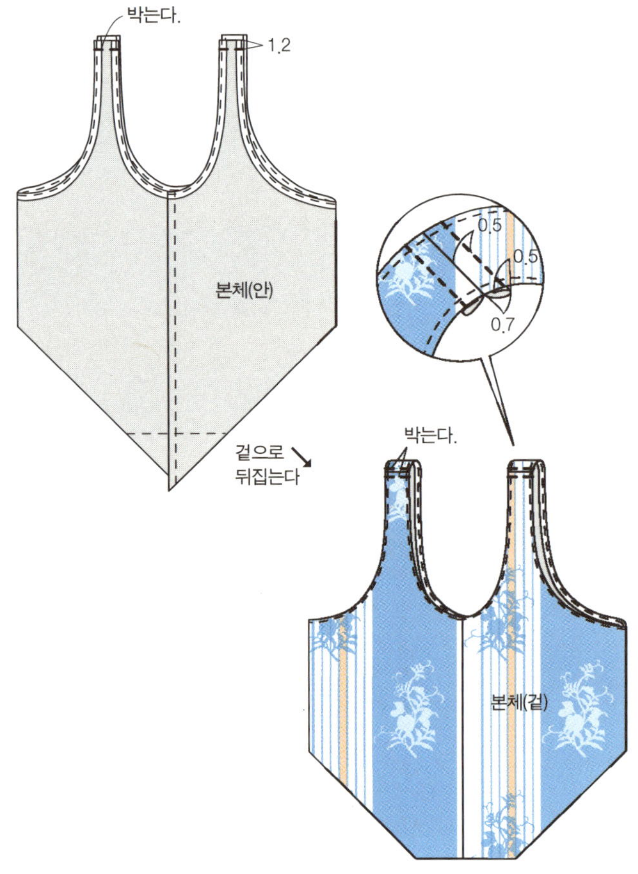
박는다.
1.2
본체(안)
겉으로
뒤집는다
0.5
0.5
0.7
박는다.
본체(겉)

⑥ 리본 끈을 달면 완성.

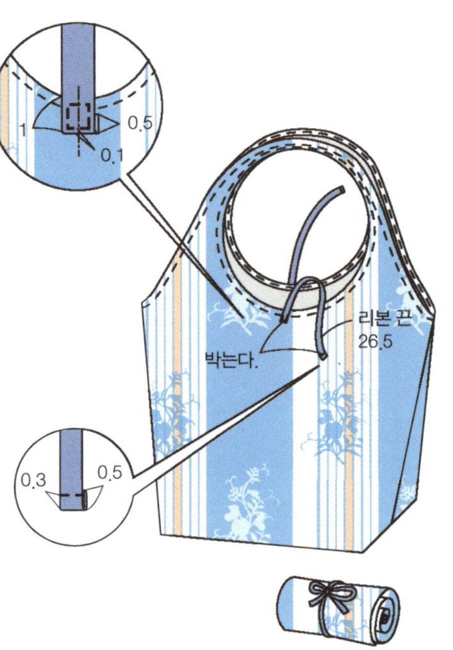
1
0.5
0.1
리본 끈
26.5
박는다.
0.3
0.5

토트 스타일 01

# 체크 무늬 토트백

세로로 긴 체크무늬 토트 스타일 에코백이에요.
손잡이는 웨빙 끈이라 아주 쉽게 달 수 있어요.
앞면에 주머니를 달아 편리한 수납공간을 마련해보세요.

SPORT
BEAN

**▶▶준비물**

- 천(리넨 · 격자무늬) : 95cm × 60cm
- (면 · 감색) : 25cm × 25cm
- 접착심지 : 50cm × 125cm
- 웨빙 끈(감색) : 2.5cm × 120cm

※ 본그리기의 ( )안은 시접 치수입니다.

## 완성 치수

56
40
28
16

## 본 그리기

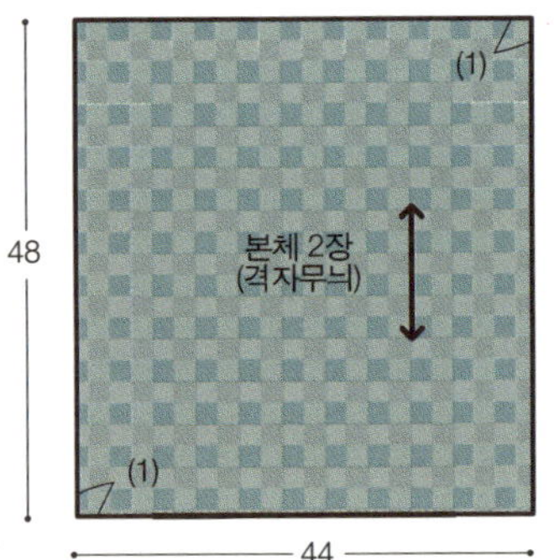
(1)
본체 2장
(격자무늬)
48
(1)
44

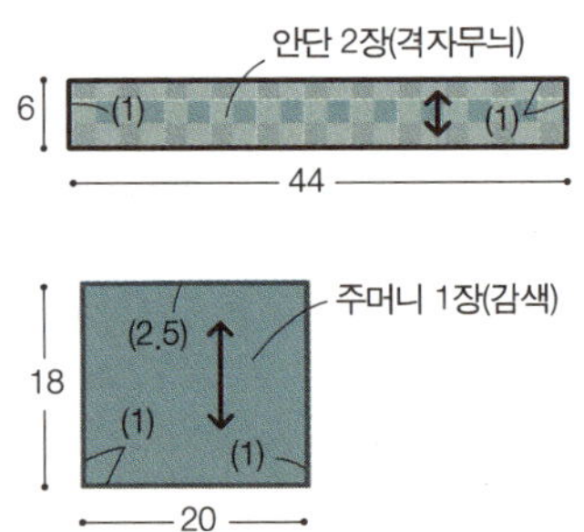
안단 2장(격자무늬)
6
(1)
(1)
44
주머니 1장(감색)
(2.5)
18
(1)
(1)
20

## 마름질

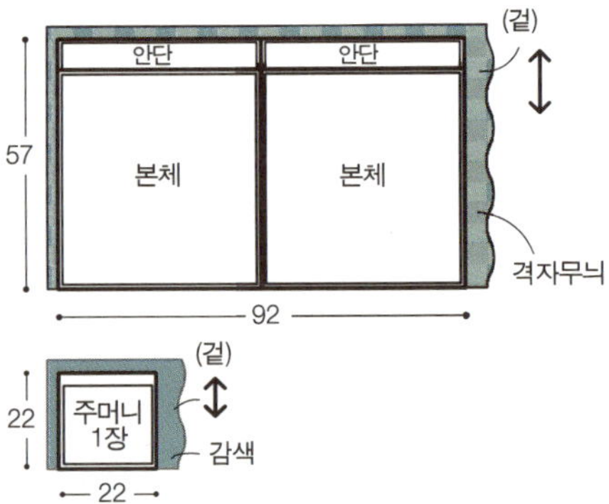
(겉)
안단
안단
57
본체
본체
격자무늬
92
(겉)
22
주머니
1장
감색
22

## 만드는 방법

① 접착심지를 붙이고 원단의 끝을 정리하세요.

안단(겉)
오버로크 또는
지그재그 박기
본체(겉)

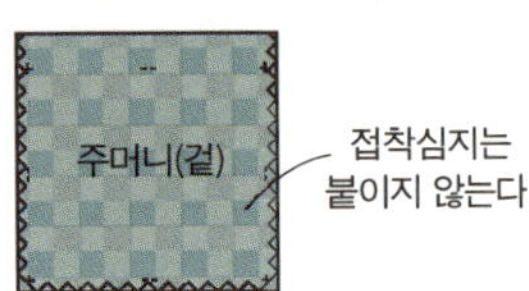
주머니(겉)
접착심지는
붙이지 않는다.

② 주머니의 입구를 박으세요.

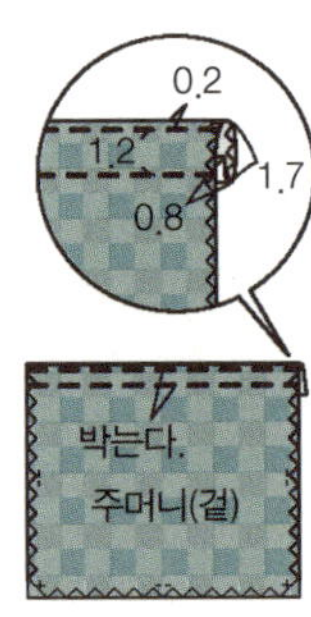
0.2
1.2
1.7
0.8
박는다.
주머니(겉)

③ 본체에 주머니를 달아주세요.

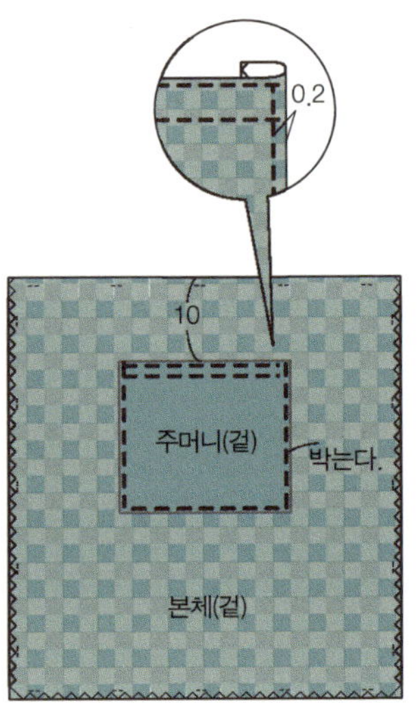
0.2
10
주머니(겉)
박는다.
본체(겉)

④ 본체와 안단의 가장자리를 박으세요.

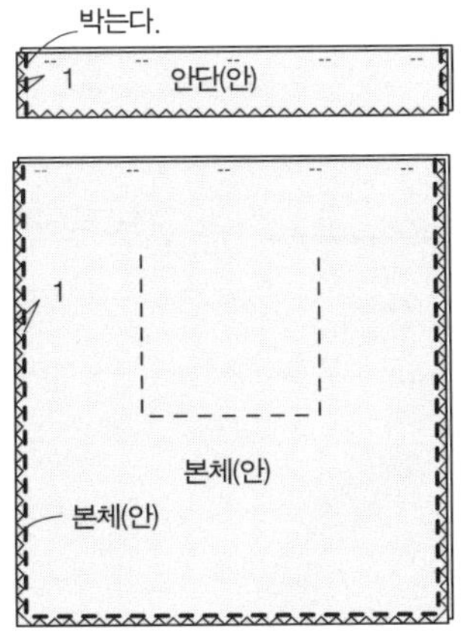
박는다.
1
안단(안)
1
본체(안)
본체(안)

⑤ 옆선의 아래를 박으세요.

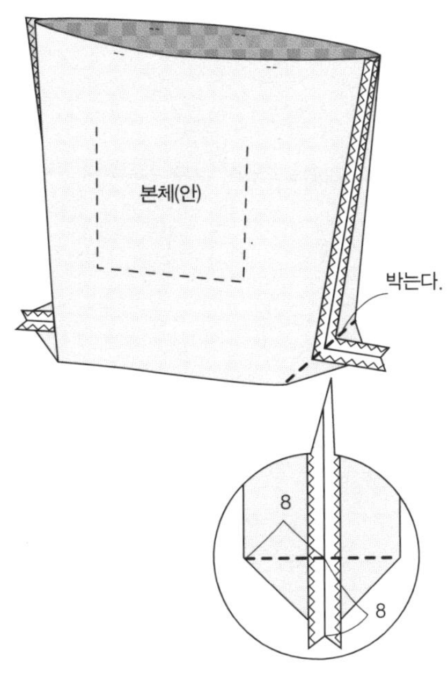
본체(안)
박는다.
8
8

⑥ 손잡이를 끼우고 본체와 안단을 봉합하세요.

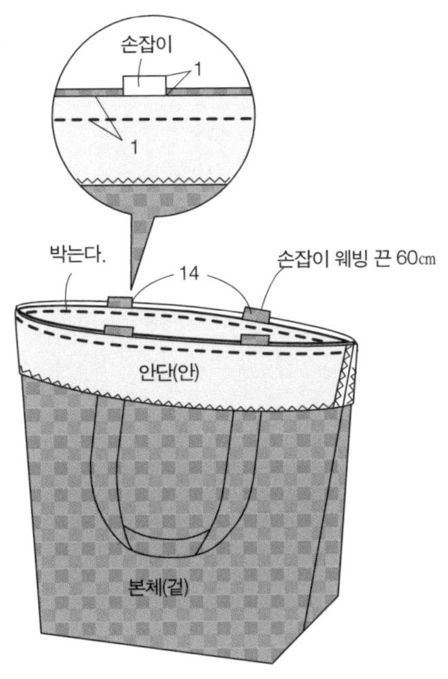
손잡이
1
1
박는다.
14
손잡이 웨빙 끈 60㎝
안단(안)
본체(겉)

⑦ 입구를 마무리하면 완성.

0.2
1.2
박는다.

토트 스타일 02

# 레드 포인트 에코백

빨간 바닥이 멋진 토트 스타일 에코백입니다.
입구 안쪽에 바닥과 똑같은 빨간 천을 덧대어 멋을 더했어요.
무늬천을 가방 안쪽에 달아 내용물을 가릴 수 있어 더 깔끔해보입니다.

07.6.7
Patissier H
牛乳
LEMON PEPPER
GARLIC SALT

# ECO BAG

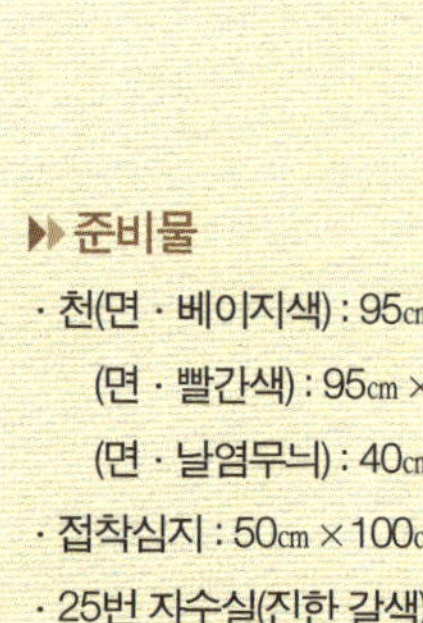

**▶▶준비물**

- 천(면 · 베이지색) : 95cm × 25cm
  (면 · 빨간색) : 95cm × 35cm
  (면 · 날염무늬) : 40cm × 35cm
- 접착심지 : 50cm × 100cm
- 25번 자수실(진한 갈색) : 적당량
- 가죽 손잡이(베이지색) : 38cm 1쌍

※ 본그리기의 ( )안은 시접 치수입니다.

## 완성 치수

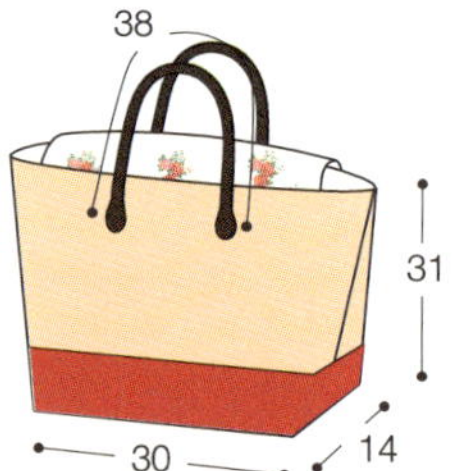
38
31
30
14

## 본 그리기

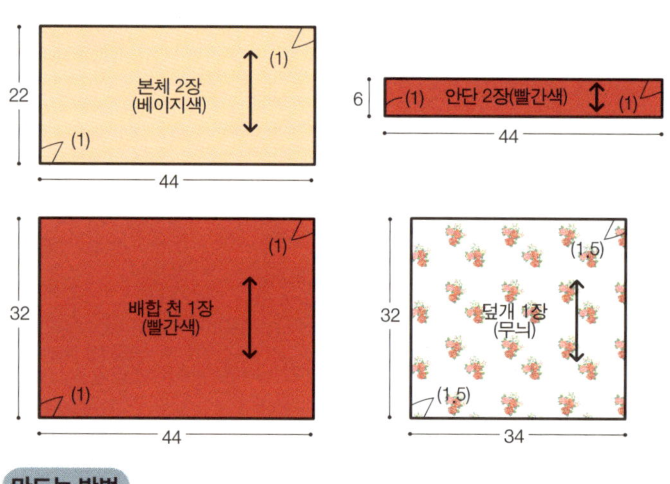
22
본체 2장
(베이지색)
(1)
(1)
44
6
(1)
안단 2장(빨간색)
(1)
44
32
배합 천 1장
(빨간색)
(1)
(1)
44
32
덮개 1장
(무늬)
(1.5)
(1.5)
34

## 마름질

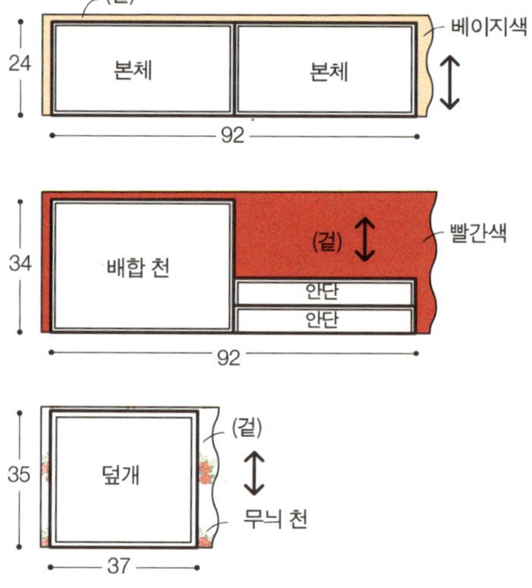
(겉)
24
본체
본체
베이지색
92
34
배합 천
(겉)
빨간색
안단
안단
92
35
덮개
(겉)
무늬 천
37

## 만드는 방법

① 접착심지를 붙이고 올이 풀리지 않게 원단의 끝을 정리하세요.

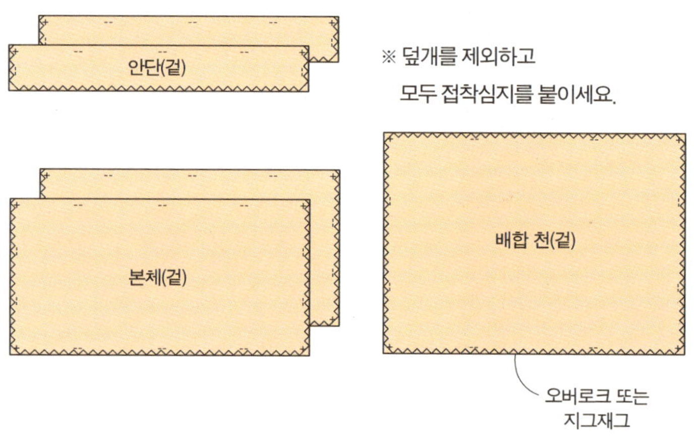
안단(겉)
※ 덮개를 제외하고
모두 접착심지를 붙이세요.
본체(겉)
배합 천(겉)
오버로크 또는
지그재그

② 본체와 배합 천을 봉합하세요.

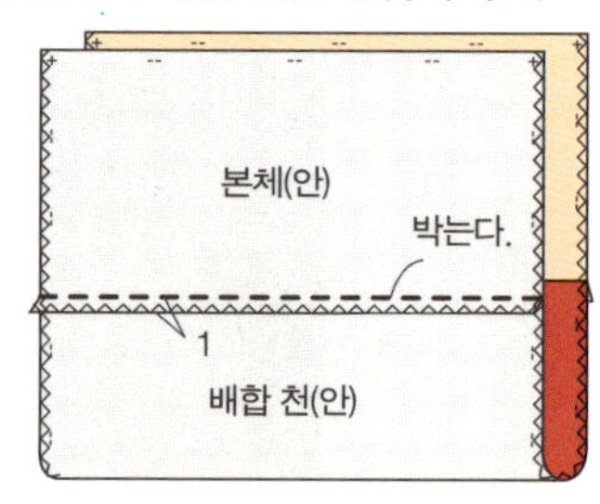
본체(안)
박는다.
1
배합 천(안)

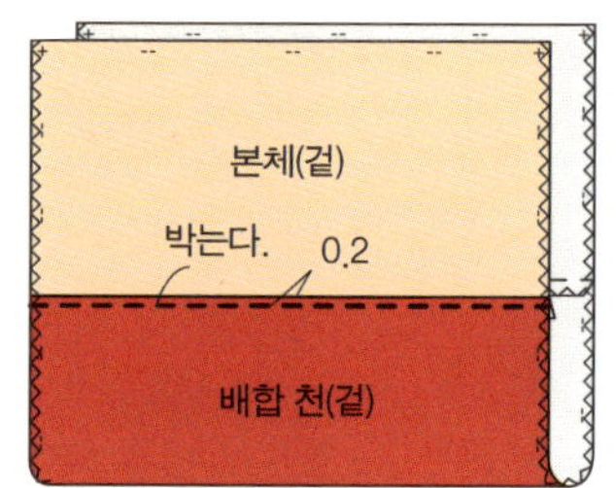
본체(겉)
박는다.
0.2
배합 천(겉)

③ 본체와 안단의 양옆을 박으세요.

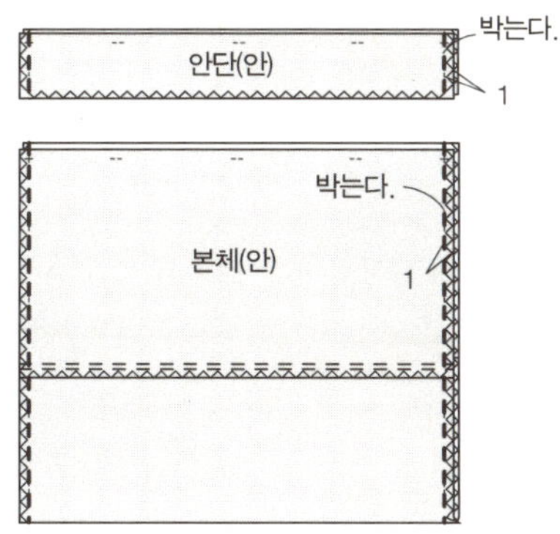
박는다.
안단(안)
1
박는다.
본체(안)
1

④ 옆선의 아래를 박으세요.

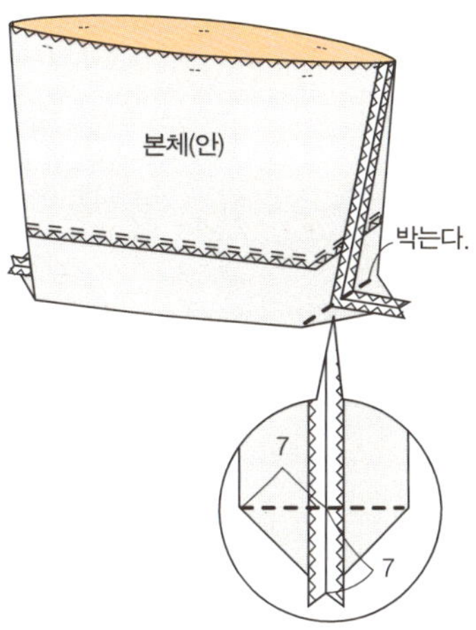
본체(안)
박는다.
7
7

⑤ 덮개를 만드세요.

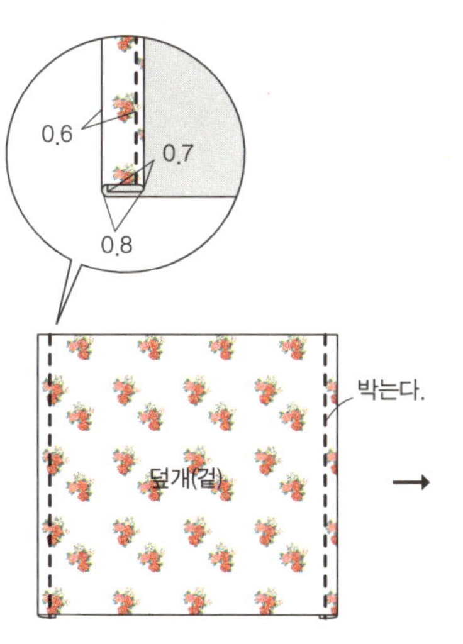
0.6
0.7
0.8
박는다.
덮개(겉)

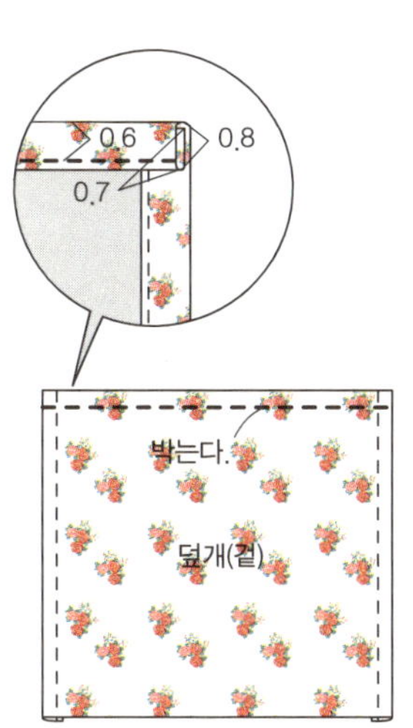
0.6
0.8
0.7
박는다.
덮개(겉)

⑥ 덮개를 끼우고 본체와 안단을 봉합하세요.

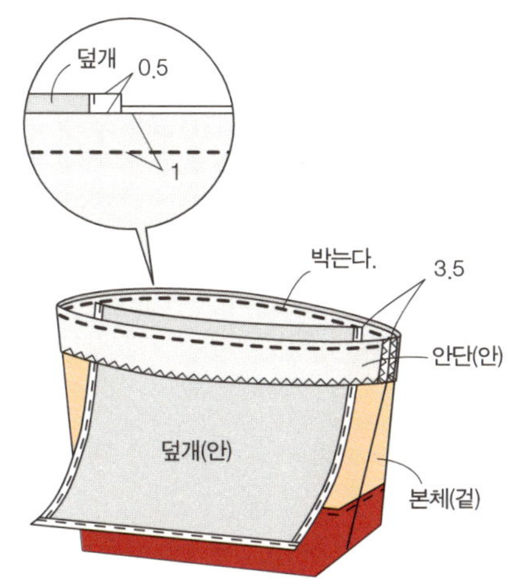
덮개
0.5
1
박는다.
3.5
안단(안)
덮개(안)
본체(겉)

⑦ 입구를 마무리하세요.

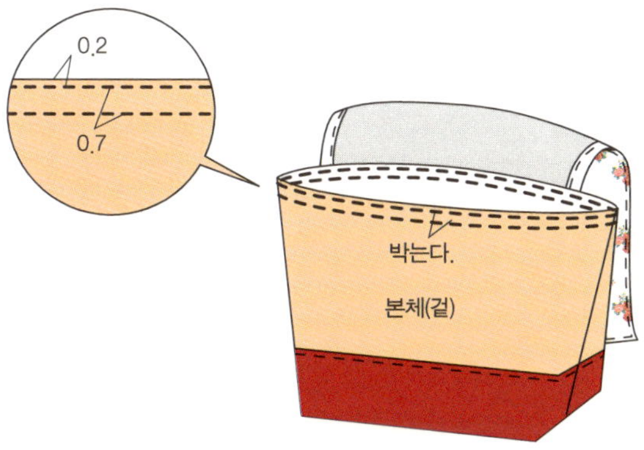
0.2
0.7
박는다.
본체(겉)

⑧ 손잡이를 달면 완성.

5.5
박음질
(실 6가닥)
12
자수실로 단다.

Gavottes
CRÊPE
CHOCOLAT LAIT
Croustillante
et fondante

토트 스타일 03

# 가죽 손잡이 에코백

산뜻하고 화사한 꽃무늬 천에 베이지색 손잡이가 고급스러워 보입니다. 외출용 가방으로도 좋아요. 가죽 손잡이는 간단하게 달 수 있으니 마음에 드는 색깔로 골라보세요.

**준비물**

- 천(리넨) : 100㎝ × 50㎝
- 접착심지 : 50㎝ × 100㎝
- 25번 자수실 : 파란색
- 가죽 손잡이(베이지색) : 50㎝ 1쌍

※ 본그리기의 ( )안은 시접 치수입니다.

## 완성 치수

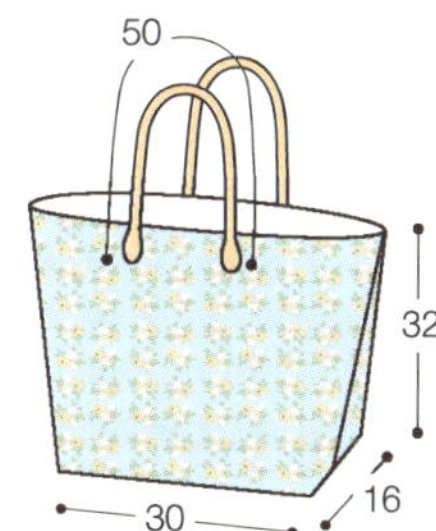

50
32
30
16


## 본 그리기

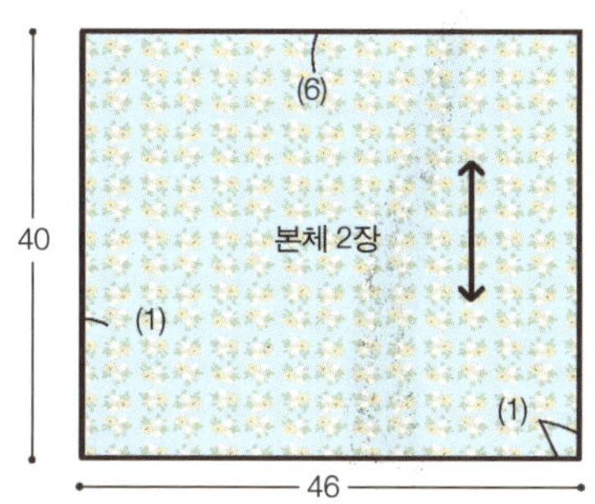

(6)
40
본체 2장
(1)
(1)
46


## 마름질

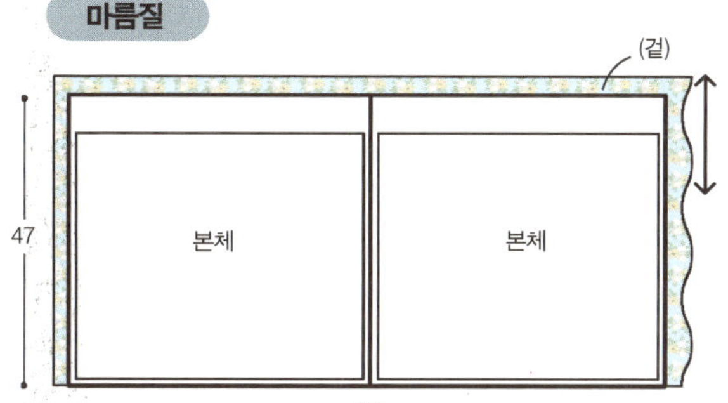

(겉)
47
본체
본체
96


## 만드는 방법

① 접착심지를 붙이고 원단의 끝을 정리하세요.

오버로크 또는
지그재그 박기
본체(겉)


② 본체의 가장자리를 박으세요.

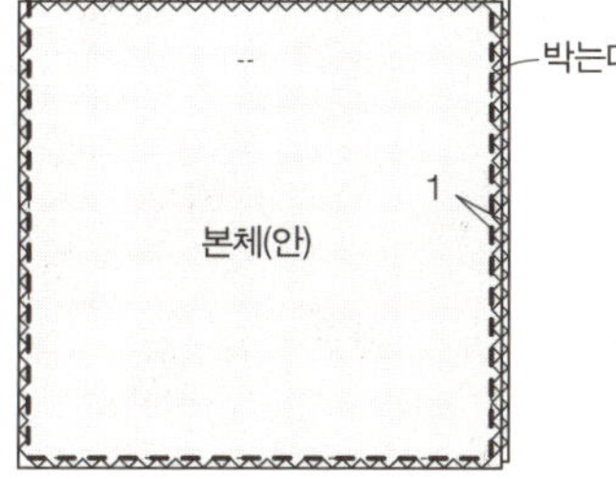

박는다.
1
본체(안)


③ 옆선의 아래를 박으세요.

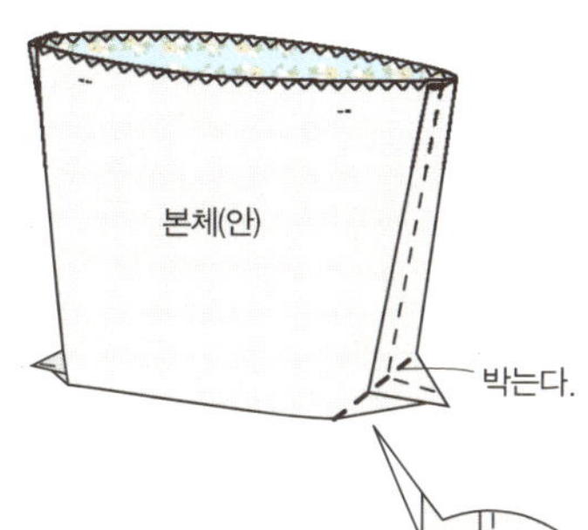

본체(안)
박는다.
8
8


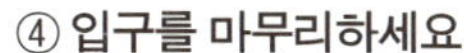

④ 입구를 마무리하세요.

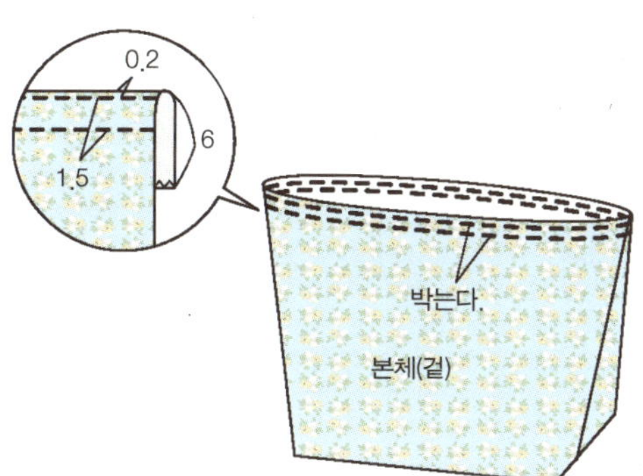

0.2
1.5
6
박는다.
본체(겉)


⑤ 손잡이를 달면 완성.

6.5
박음질
(실 6가닥으로)
10
자수실로 단다.

토트 스타일 04

# 지퍼 여밈 토트백

세로로 긴 토트백 스타일 에코백에 지퍼를 달았어요.
가방 입구의 폭과 바닥도 넉넉해서 물건을 많이 넣을 수 있어요.

지퍼를 달아서
안심이에요.

준비물

· 천(리넨) : 90㎝ × 55㎝
· 접착심지 : 90㎝ × 55㎝
· 웨빙 끈(진한 갈색) : 2.5㎝ × 110㎝
· 지퍼(진한 갈색) : 40㎝ 1개
※ 본그리기의 ( )안은 시접 치수입니다.

## 완성 치수

50
38
31
10

## 본 그리기

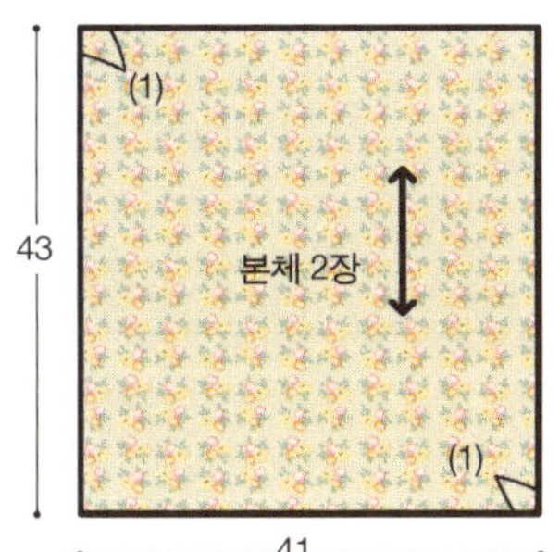
(1)
43
본체 2장
(1)
41

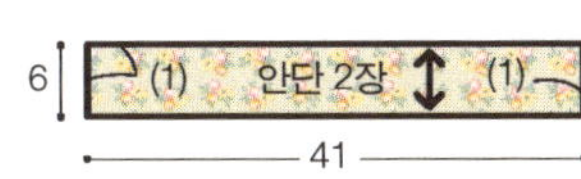
6
(1) 안단 2장 (1)
41

## 마름질

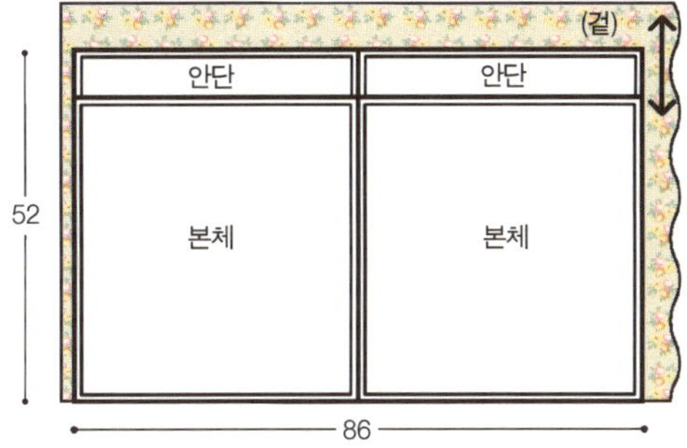
(겉)
안단
안단
52
본체
본체
86

## 만드는 방법

① 접착심지를 붙이고 원단의 끝을 정리하세요.

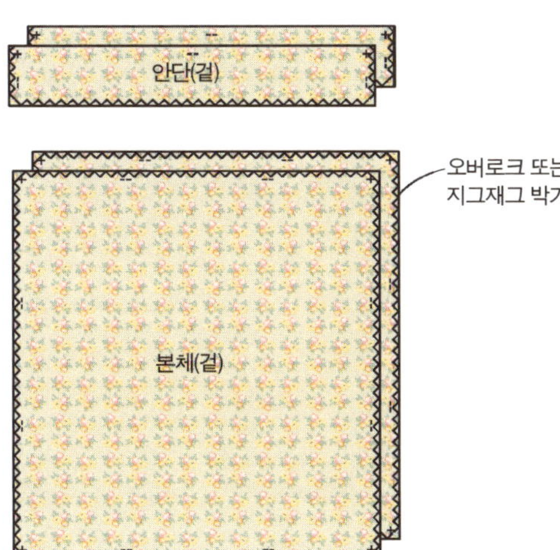
안단(겉)
오버로크 또는
지그재그 박기
본체(겉)

② 손잡이를 끼우고 본체와 안단을 봉합하세요.

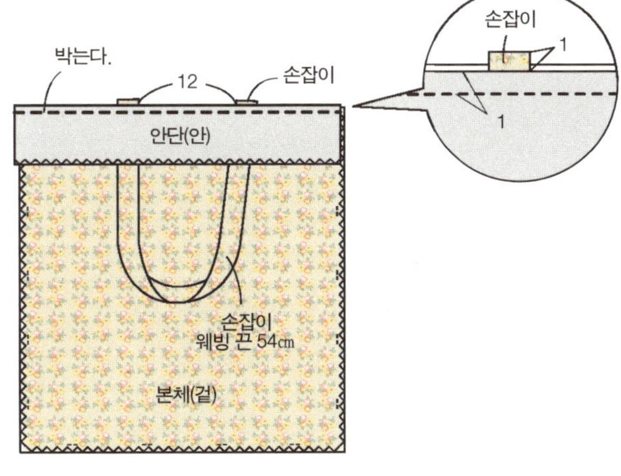
박는다.
12
손잡이
안단(안)
손잡이
1
1
손잡이
웨빙 끈 54㎝
본체(겉)

③ 본체에 지퍼를 달아주세요.

④ 본체의 가장자리를 박으세요.

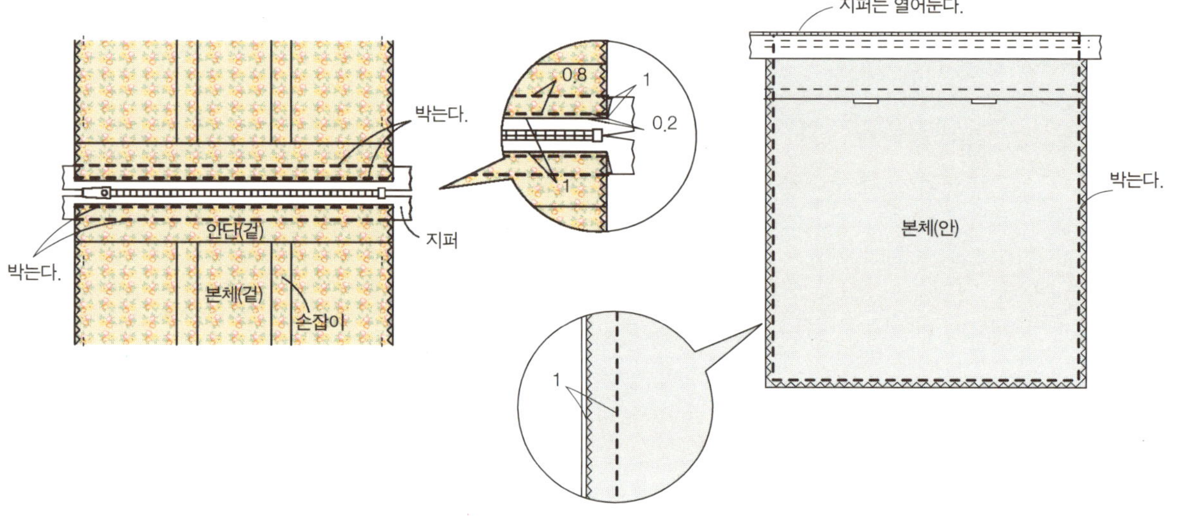

박는다.
안단(겉)
지퍼
박는다.
본체(겉)
손잡이
0.8
1
0.2
1
지퍼는 열어둔다.
박는다.
본체(안)
1

⑤ 옆선의 아래를 박으세요.

⑥ 입구를 마무리하면 완성.

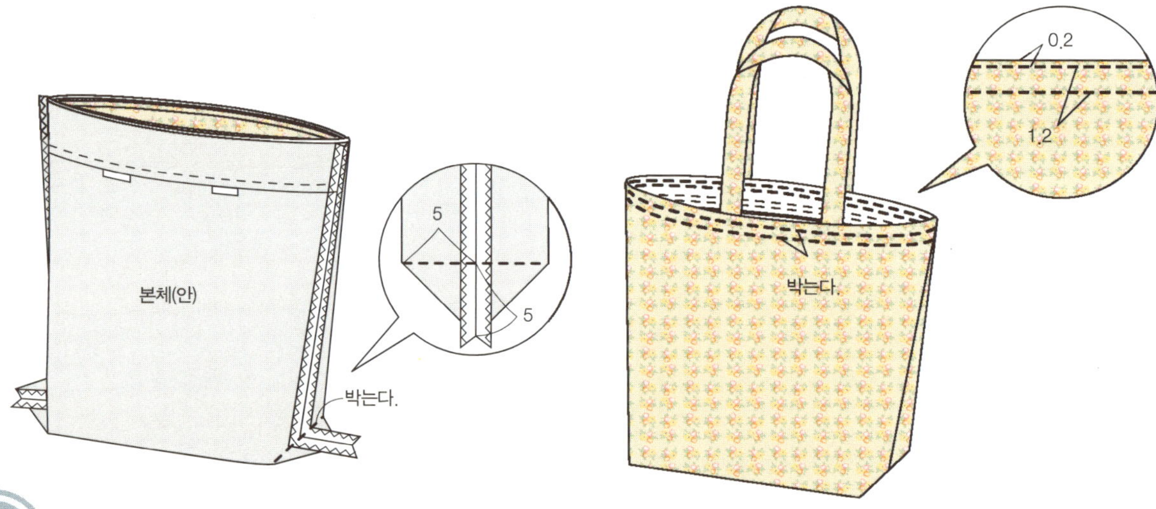

본체(안)
5
5
박는다.
0.2
1.2
박는다.


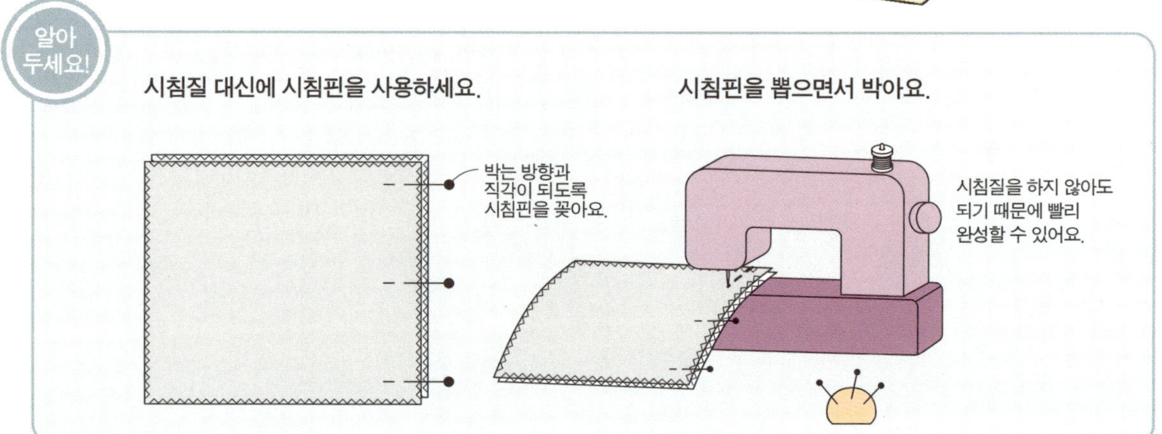

알아 두세요!
시침질 대신에 시침핀을 사용하세요.
시침핀을 뽑으면서 박아요.
박는 방향과
직각이 되도록
시침핀을 꽂아요.
시침질을 하지 않아도
되기 때문에 빨리
완성할 수 있어요.

Roland
Grissini
familia
Swiss

바스켓 스타일 01

# 홑천 에코백

튼튼한 홑천으로 만들어서 물건을 많이 담을 수 있지요. 천을 덧대어 사방으로 주머니를 만들어서 이쪽저쪽 편리하게 사용할 수 있습니다.

준비물

- 천(돛천 · 베이지색) : 85㎝ × 100㎝
- 천(리넨 · 꽃무늬) : 110㎝ × 55㎝

※ 본그리기의 ( )안은 시접 치수입니다.

## 완성 치수

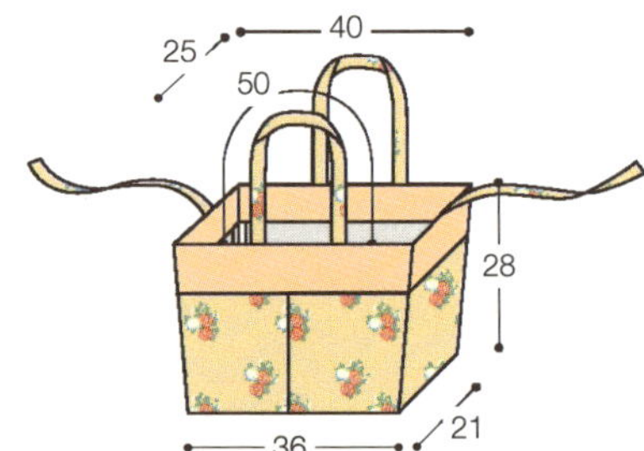
40
25
50
28
36
21

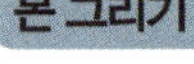
본 그리기

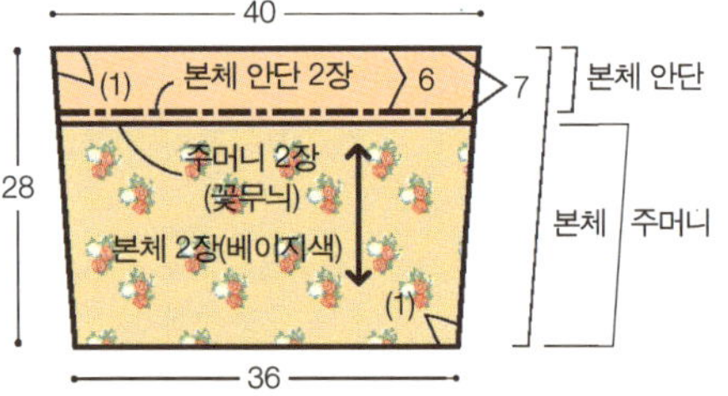
40
(1)
본체 안단 2장
6
7
본체 안단
주머니 2장
(꽃무늬)
본체 2장(베이지색)
(1)
28
본체
주머니
36

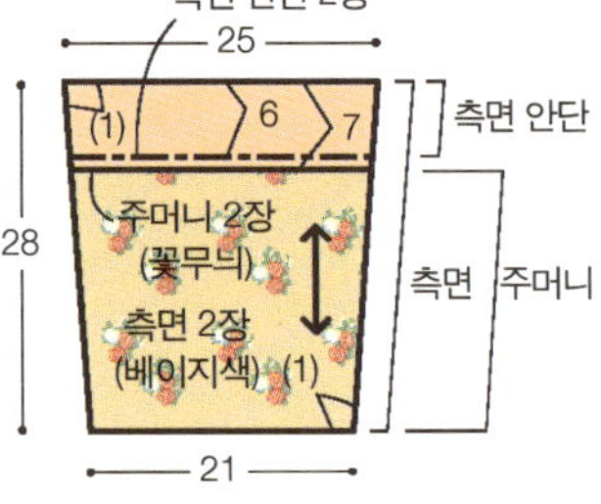
측면 안단 2장
25
(1)
6
7
측면 안단
주머니 2장
(꽃무늬)
측면 2장
(베이지색)
(1)
28
측면
주머니
21

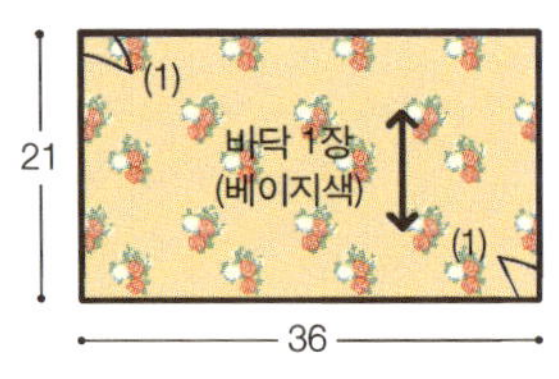
(1)
바닥 1장
(베이지색)
(1)
21
36

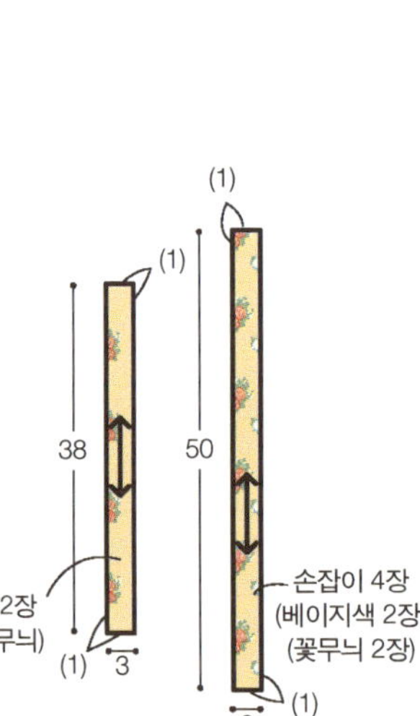
(1)
(1)
38
50
끈 2장
(꽃무늬)
(1)
3
손잡이 4장
(베이지색 2장)
(꽃무늬 2장)
3
(1)

## 마름질

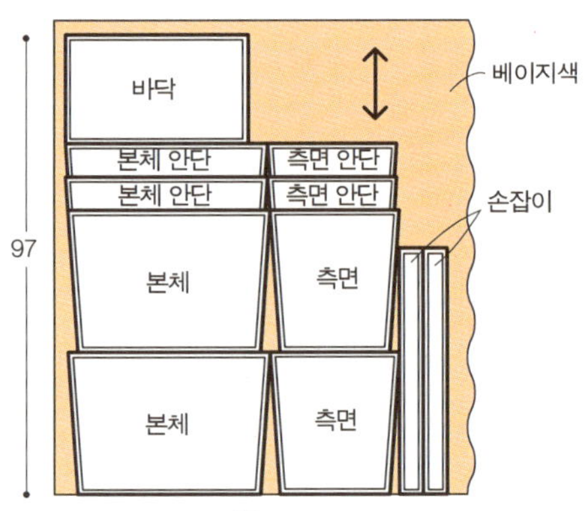
바닥
베이지색
본체 안단
측면 안단
본체 안단
측면 안단
손잡이
97
본체
측면
본체
측면
79

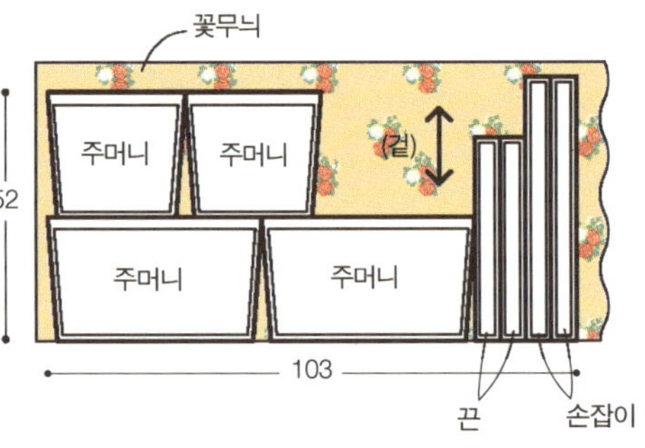
꽃무늬
주머니
주머니
(겉)
52
주머니
주머니
103
끈
손잡이

## 만드는 방법

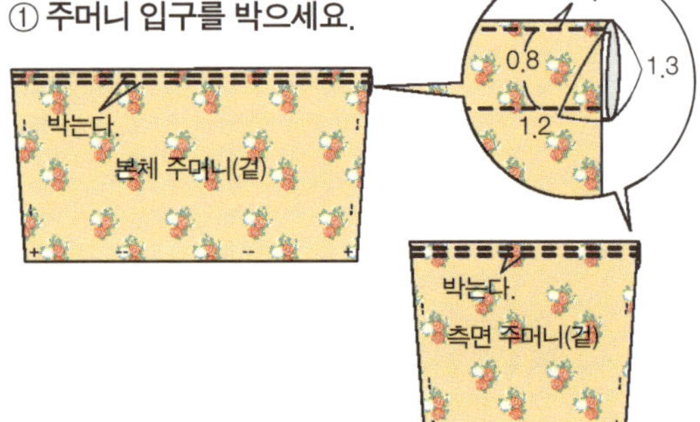
① 주머니 입구를 박으세요.
0.2
0.8
1.3
1.2
박는다.
본체 주머니(겉)
박는다.
측면 주머니(겉)

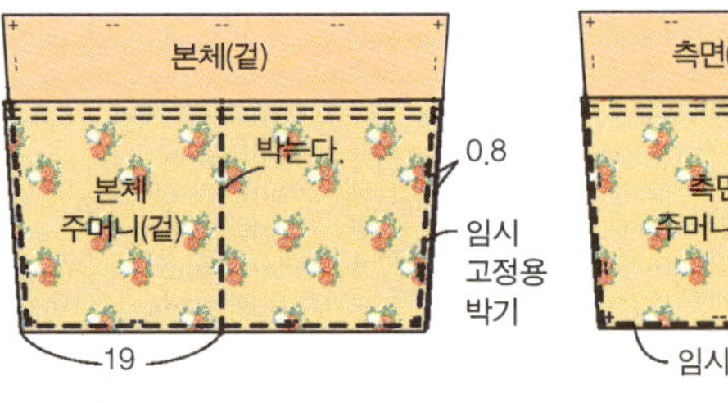
② 본체에 주머니를 달아주세요.
본체(겉)
박는다.
본체
주머니(겉)
0.8
임시
고정용
박기
19
측면(겉)
측면
주머니(겉)
0.8
임시고정용 박기

③ 원단의 끝을 정리하세요.

본체 안단(겉)
본체(겉)
바닥(겉)

측면 안단(겉)

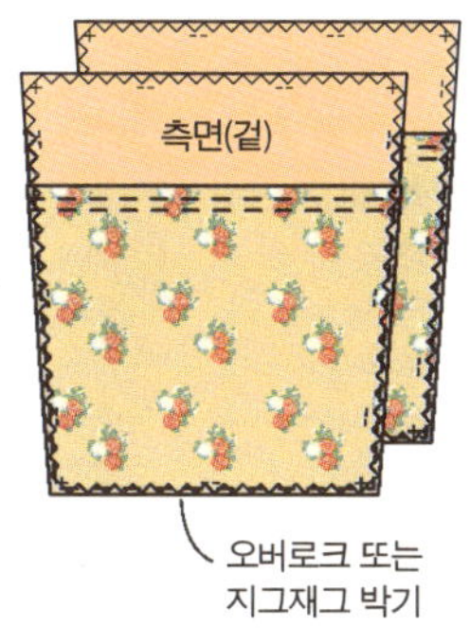
측면(겉)
오버로크 또는
지그재그 박기

④ 본체와 안단의 옆선을 박으세요.

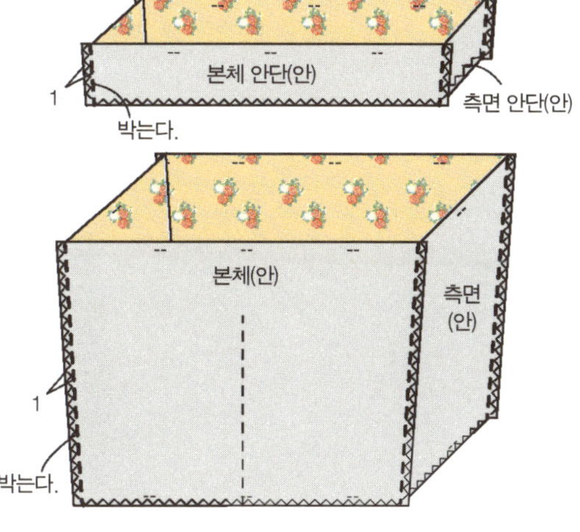
본체 안단(안)
1
박는다.
측면 안단(안)
본체(안)
측면
(안)
1
박는다.

⑤ 본체와 바닥을 봉합하세요.

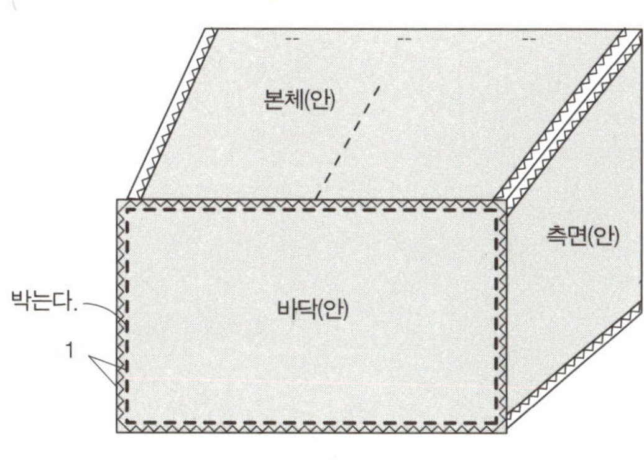
본체(안)
측면(안)
바닥(안)
박는다.
1

⑥ 끈을 만드세요.

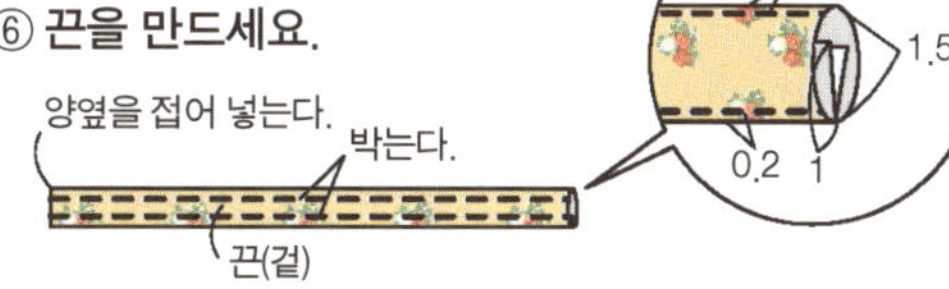
양옆을 접어 넣는다.
박는다.
끈(겉)
0.2
1.5
0.2
1

⑦ 손잡이를 만드세요.

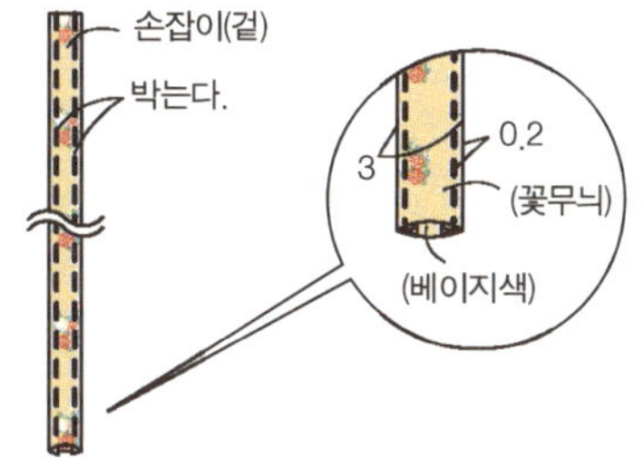
손잡이(겉)
박는다.
3
0.2
(꽃무늬)
(베이지색)

⑧ 끈과 손잡이를 끼우고 본체와 안단을 봉합하세요.

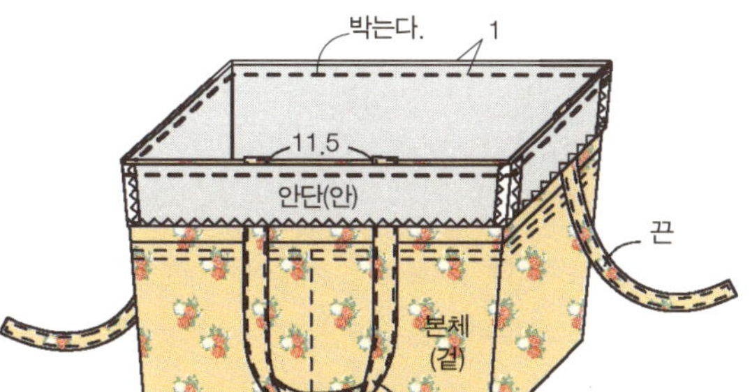
박는다.
1
11.5
안단(안)
끈
본체
(겉)
손잡이

⑨ 입구를 마무리하면 완성.

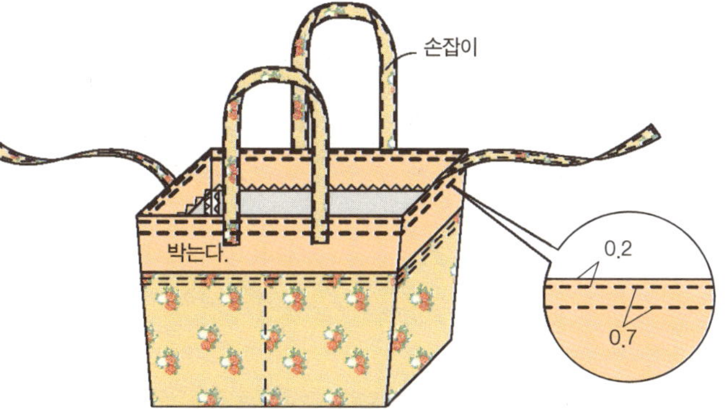
손잡이
박는다.
0.2
0.7

Ceres
100% Fruit juice blend
Guava, pineapple and other fruit
MEDLEY OF FRUITS
Filette
McKENZIE'S

바스켓 스타일 02

## 장미 무늬 에코백

펼치면 마트에서 사용하는 쇼핑 바구니에 쏙 들어가고, 접으면 비닐 봉투처럼 납작하게 변신하는 쇼핑 필수품, 장미 무늬 에코백입니다. 입구는 끈으로 살짝 묶어주세요.

SEIYU
イバスケット

① 접었을 때 납작했던 에코백을 펼쳐서 계산할 때 쇼핑바구니에 끼워 놓으세요.

② 계산 후 물건을 담고 끈으로 묶습니다.

③ 그대로 쏙 빼서 들고 오면 돼요.

④ 어깨에 멜 수도 있는 편리한 에코백입니다.

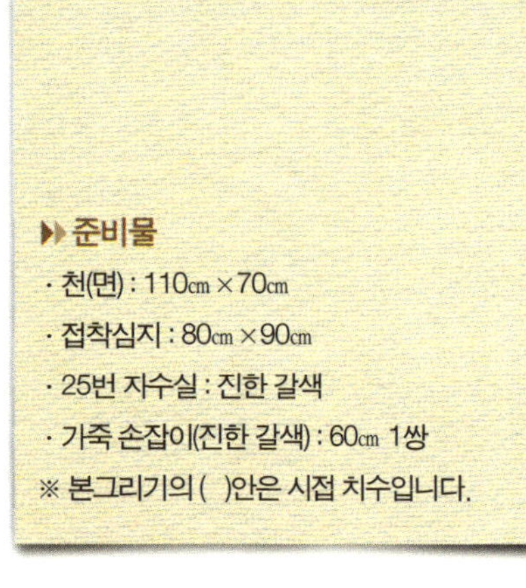

**▶▶ 준비물**

- 천(면) : 110㎝ × 70㎝
- 접착심지 : 80㎝ × 90㎝
- 25번 자수실 : 진한 갈색
- 가죽 손잡이(진한 갈색) : 60㎝ 1쌍

※ 본그리기의 ( )안은 시접 치수입니다.

## 완성 치수

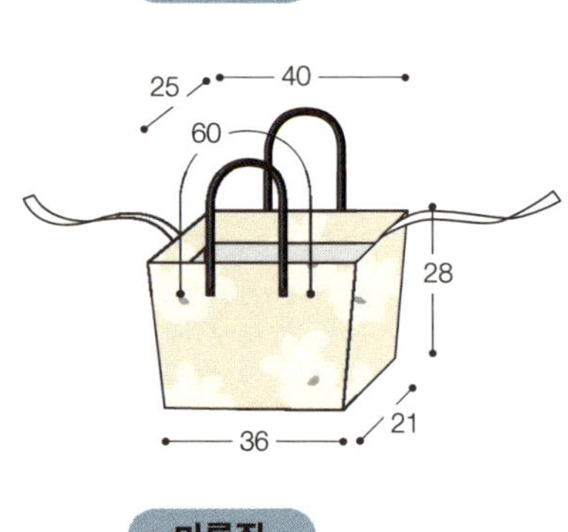

25
40
60
28
36
21


## 본 그리기

## 마름질

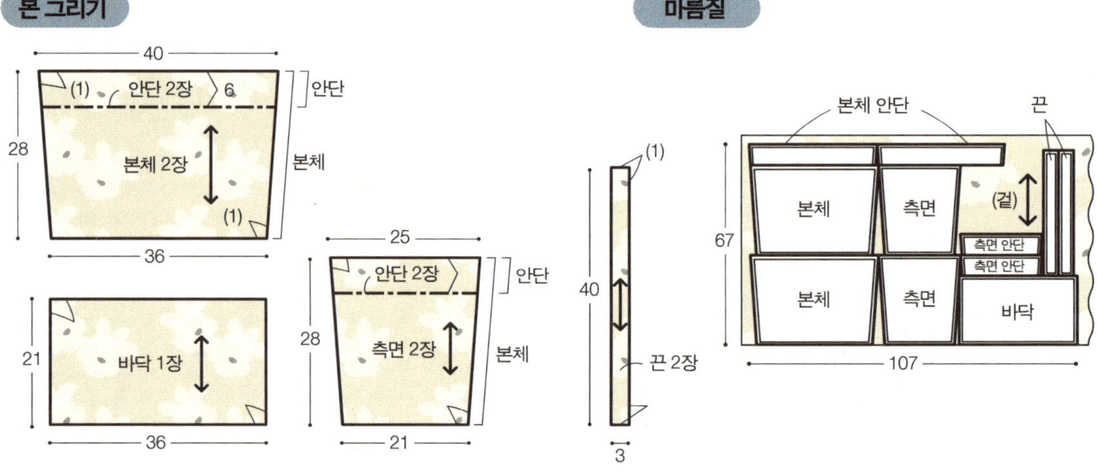

40
(1)
안단 2장
6
안단
28
본체 2장
본체
(1)
36
21
바닥 1장
36
25
안단 2장
안단
28
측면 2장
본체
21
(1)
40
끈 2장
3
본체 안단
끈
본체
측면
(겉)
67
측면 안단
측면 안단
본체
측면
바닥
107


## 만드는 방법

### ① 접착심지를 붙이고 원단의 끝을 정리하세요.

### ② 본체와 안단의 옆선을 박으세요.

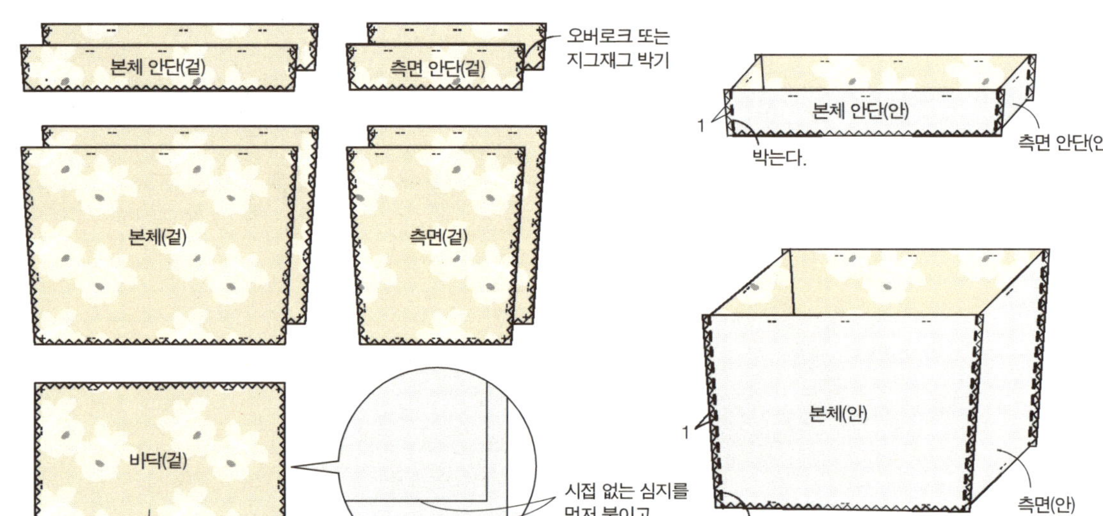

본체 안단(겉)
측면 안단(겉)
오버로크 또는
지그재그 박기
본체(겉)
측면(겉)
바닥(겉)
접착심지 2장을
붙인다
시접 없는 심지를
먼저 붙이고,
그 위에 시접 있는
심지를 붙인다.
본체 안단(안)
1
박는다.
측면 안단(안)
본체(안)
1
박는다.
측면(안)

### ③ 본체와 바닥을 봉합하세요.

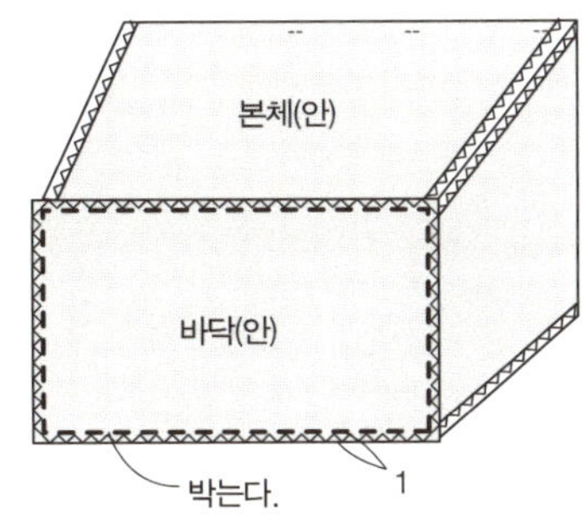
본체(안)
바닥(안)
박는다.
1

### ④ 끈을 만들어요.

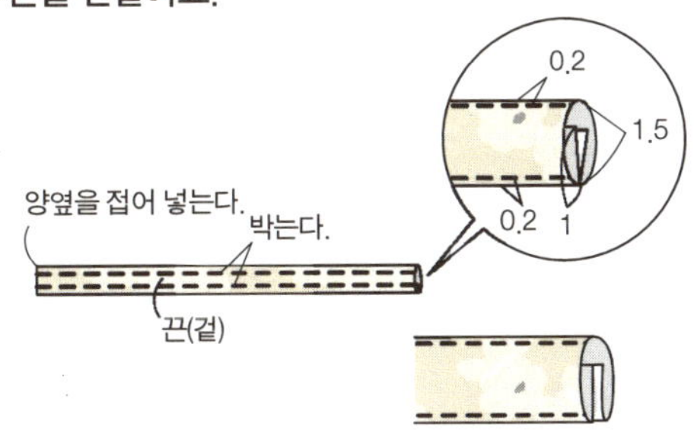
양옆을 접어 넣는다.
박는다.
끈(겉)
0.2
1.5
0.2
1

### ⑤ 끈을 끼우고 본체와 안단을 봉합하세요.

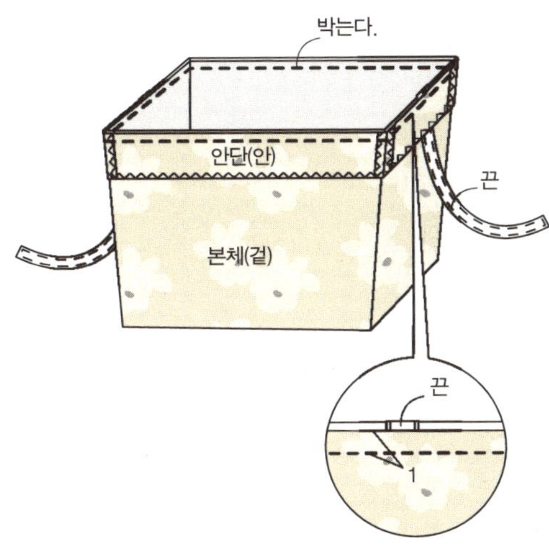
박는다.
안단(안)
끈
본체(겉)
끈
1

### ⑥ 입구를 박으세요.

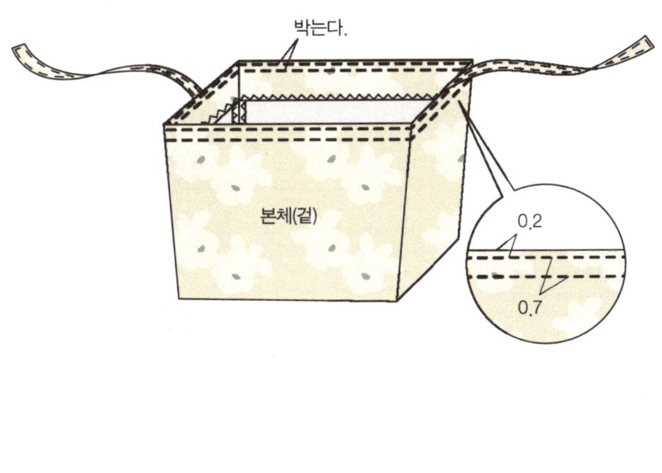
박는다.
본체(겉)
0.2
0.7

### ⑦ 옆선을 박으세요.

### ⑧ 손잡이를 끼우면 완성.

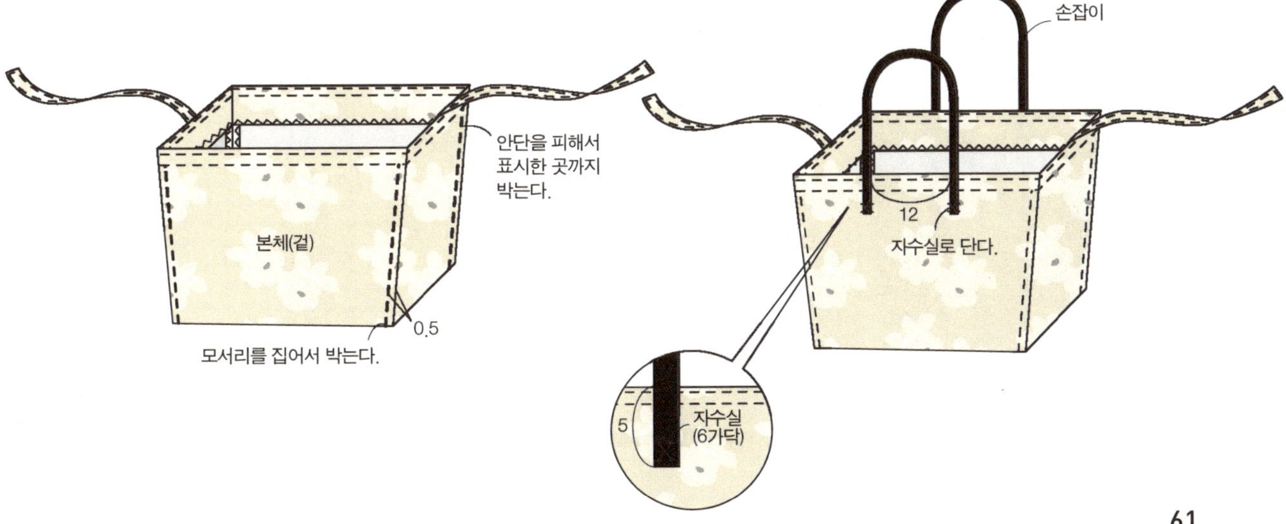
안단을 피해서
표시한 곳까지
박는다.
본체(겉)
0.5
모서리를 집어서 박는다.
손잡이
12
자수실로 단다.
5
자수실
(6가닥)

바스켓 스타일 03

## 줄무늬 에코백

쇼핑 바구니용 줄무늬 에코백이에요. 정면에는 굵은 줄무늬를, 측면에는 가는 줄무늬로 변화를 주었고, 옆선을 박아 각을 잡은 것이 특징이에요. 바닥이 넉넉해 수납력도 좋답니다.

▶▶ 준비물

- 천(리넨) : 100cm × 50cm
- 접착심지 : 50cm × 100cm
- 25번 자수실(파란색) : 적당량
- 가죽 손잡이(베이지색) : 50cm 1쌍

## 완성 치수

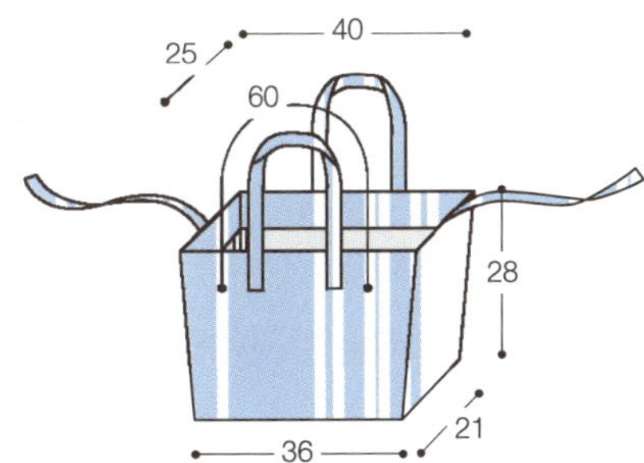

25
40
60
28
21
36


## 본 그리기

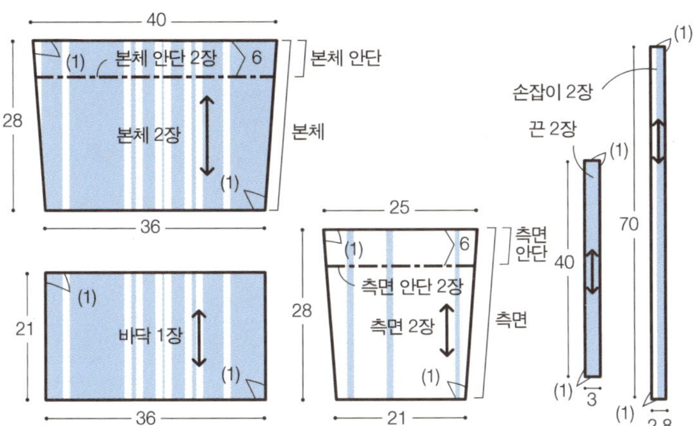

40
(1)
본체 안단 2장
6
본체 안단
28
본체 2장
본체
(1)
36
21
(1)
바닥 1장
(1)
36
25
(1)
6
측면 안단
측면 안단 2장
28
측면 2장
측면
(1)
21
손잡이 2장
끈 2장
(1)
40
70
(1)
3
(1)
2.8


## 마름질

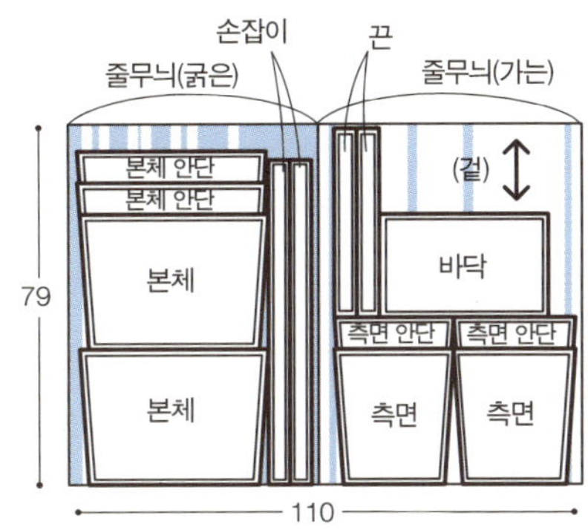

손잡이
끈
줄무늬(굵은)
줄무늬(가는)
본체 안단
본체 안단
(겉)
79
본체
바닥
측면 안단
측면 안단
본체
측면
측면
110


## 만드는 방법

① 접착심지를 붙이고 원단의 끝을 정리하세요.

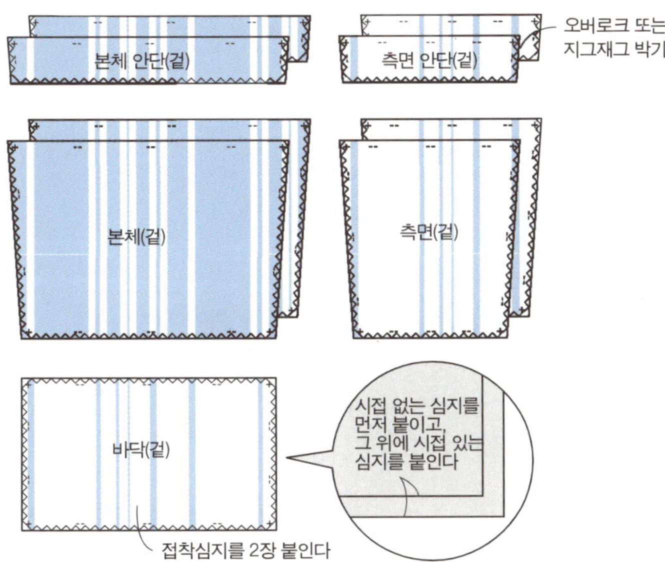

본체 안단(겉)
측면 안단(겉)
오버로크 또는
지그재그 박기
본체(겉)
측면(겉)
바닥(겉)
시접 없는 심지를
먼저 붙이고,
그 위에 시접 있는
심지를 붙인다
접착심지를 2장 붙인다


② 본체와 안단의 옆선을 박으세요.

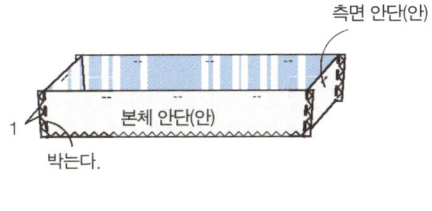

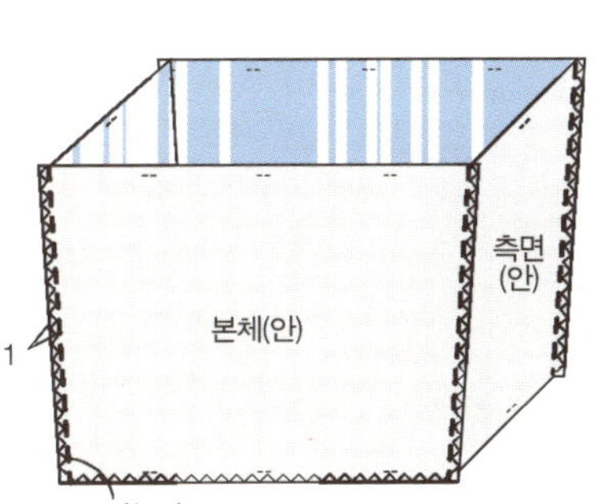

측면 안단(안)
본체 안단(안)
1
박는다.
측면
(안)
본체(안)
1
박는다.

③ 본체와 바닥을 봉합하세요.

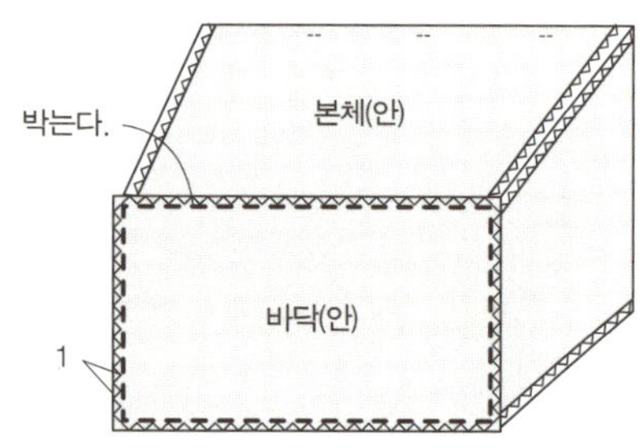
박는다.
본체(안)
바닥(안)
1

④ 끈을 만드세요.

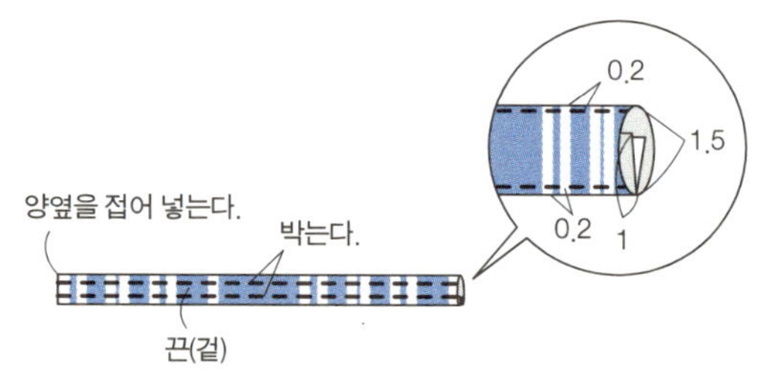
양옆을 접어 넣는다.
박는다.
끈(겉)
0.2
1.5
0.2
1

⑤ 끈을 끼우고 본체와 안단을 봉합하세요.

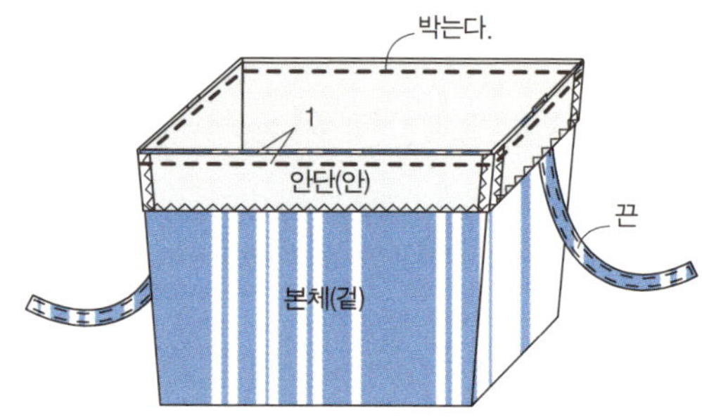
박는다.
1
안단(안)
끈
본체(겉)

⑥ 입구를 박으세요.

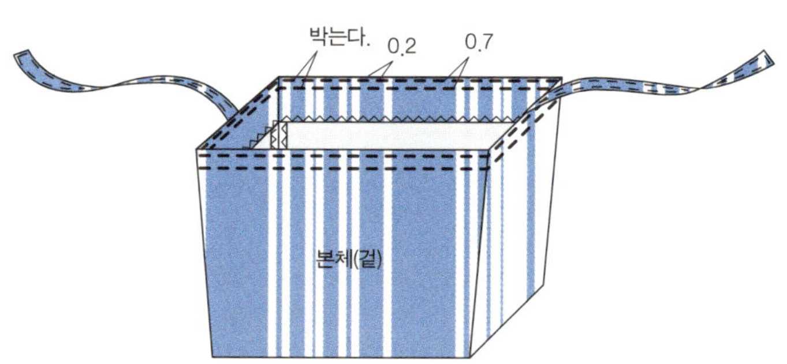
박는다.
0.2
0.7
본체(겉)

⑦ 옆선을 박으세요.

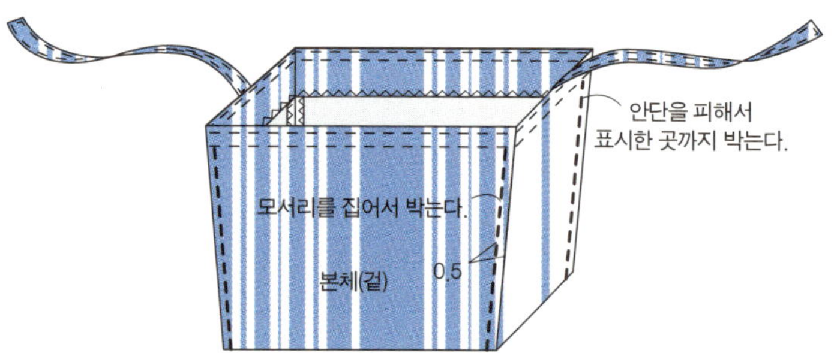
안단을 피해서
표시한 곳까지 박는다.
모서리를 집어서 박는다.
본체(겉)
0.5

⑧ 손잡이를 만들어요.

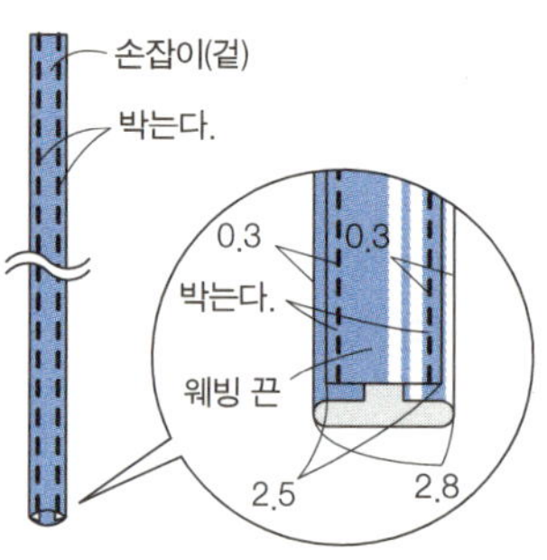
손잡이(겉)
박는다.
0.3
0.3
박는다.
웨빙 끈
2.5
2.8

⑨ 손잡이를 달면 완성.

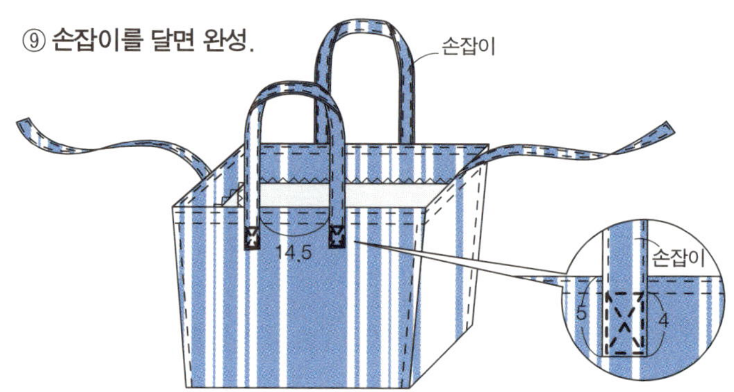
손잡이
14.5
손잡이
5
4

바스켓 스타일 04

## 덮개 달린 에코백

가죽 손잡이를 단 쇼핑바구니용 에코백이에요.
가방 안에 든 내용물이 보이지 않도록 센스있게 덮개를 달았습니다.
조금만 신경을 쓰면 멋지고 실용적인 에코백을 만들 수 있어요.

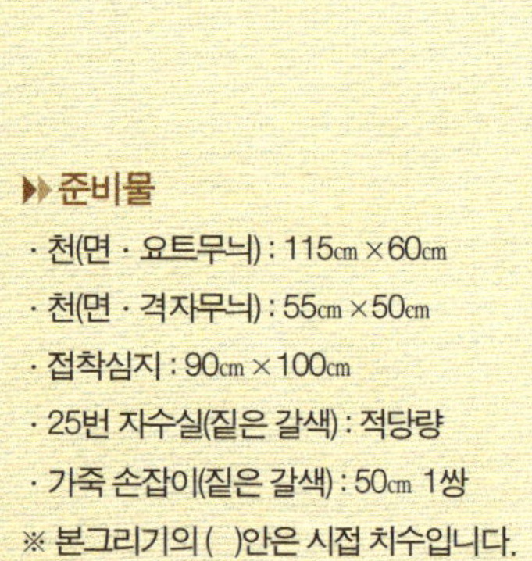

**▶▶ 준비물**

- 천(면 · 요트무늬) : 115cm × 60cm
- 천(면 · 격자무늬) : 55cm × 50cm
- 접착심지 : 90cm × 100cm
- 25번 자수실(짙은 갈색) : 적당량
- 가죽 손잡이(짙은 갈색) : 50cm 1쌍

※ 본그리기의 ( )안은 시접 치수입니다.

## 완성 치수

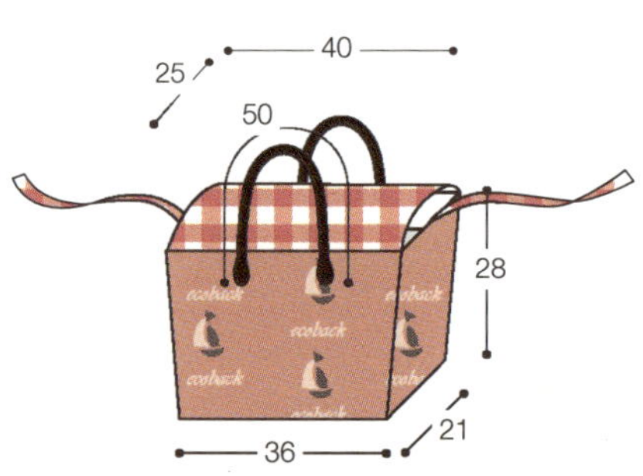

25
40
50
28
21
36


## 본 그리기

## 마름질

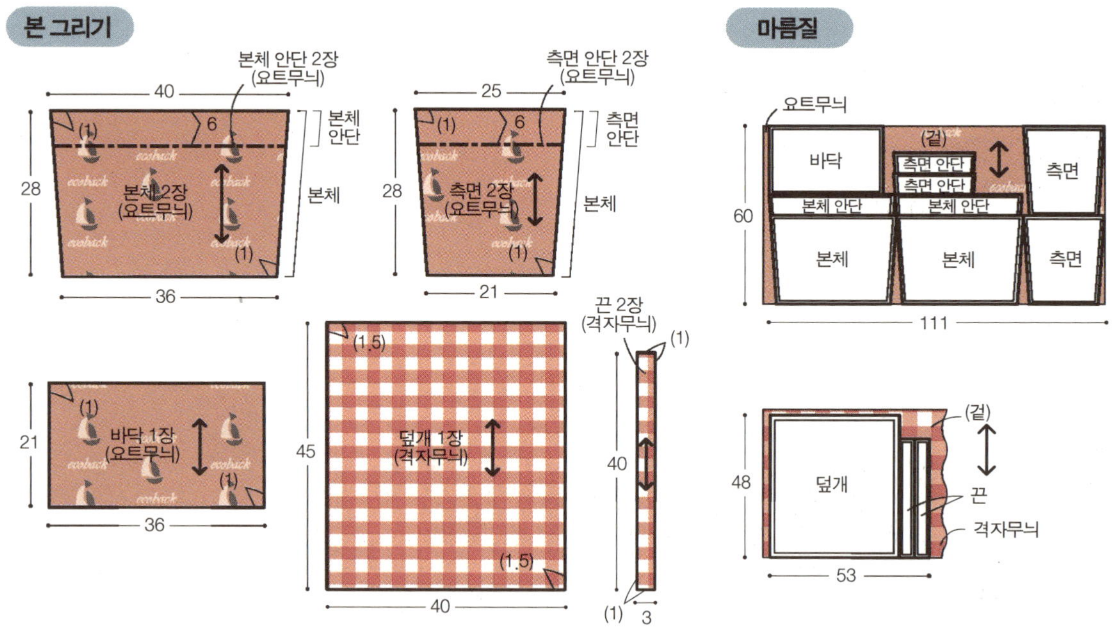

본체 안단 2장
(요트무늬)
40
(1)
6
본체
안단
28
본체 2장
(요트무늬)
본체
(1)
36
측면 안단 2장
(요트무늬)
25
(1)
6
측면
안단
28
측면 2장
(요트무늬)
본체
(1)
21
끈 2장
(격자무늬)
(1)
21
(1)
바닥 1장
(요트무늬)
(1)
36
45
(1.5)
덮개 1장
(격자무늬)
(1.5)
40
40
(1)
3
요트무늬
(겉)
바닥
측면 안단
측면 안단
측면
60
본체 안단
본체 안단
본체
본체
측면
111
(겉)
48
덮개
끈
격자무늬
53


## 만드는 방법

① 접착심지를 붙이고 원단의 끝을 정리하세요.

본체 안단(겉)

측면 안단(겉)

바닥(겉)

오버로크 또는 지그재그 박기

접착심지를 2장 붙인다.

시접 없는 심지를 먼저 붙이고, 그 위에 시접 있는 심지를 붙인다.

본체(겉)

측면(겉)

② 본체와 안단의 측면을 박으세요.

박는다.

1

본체 안단(안)

측면 안단(안)

박는다.

1

본체(안)

측면(안)

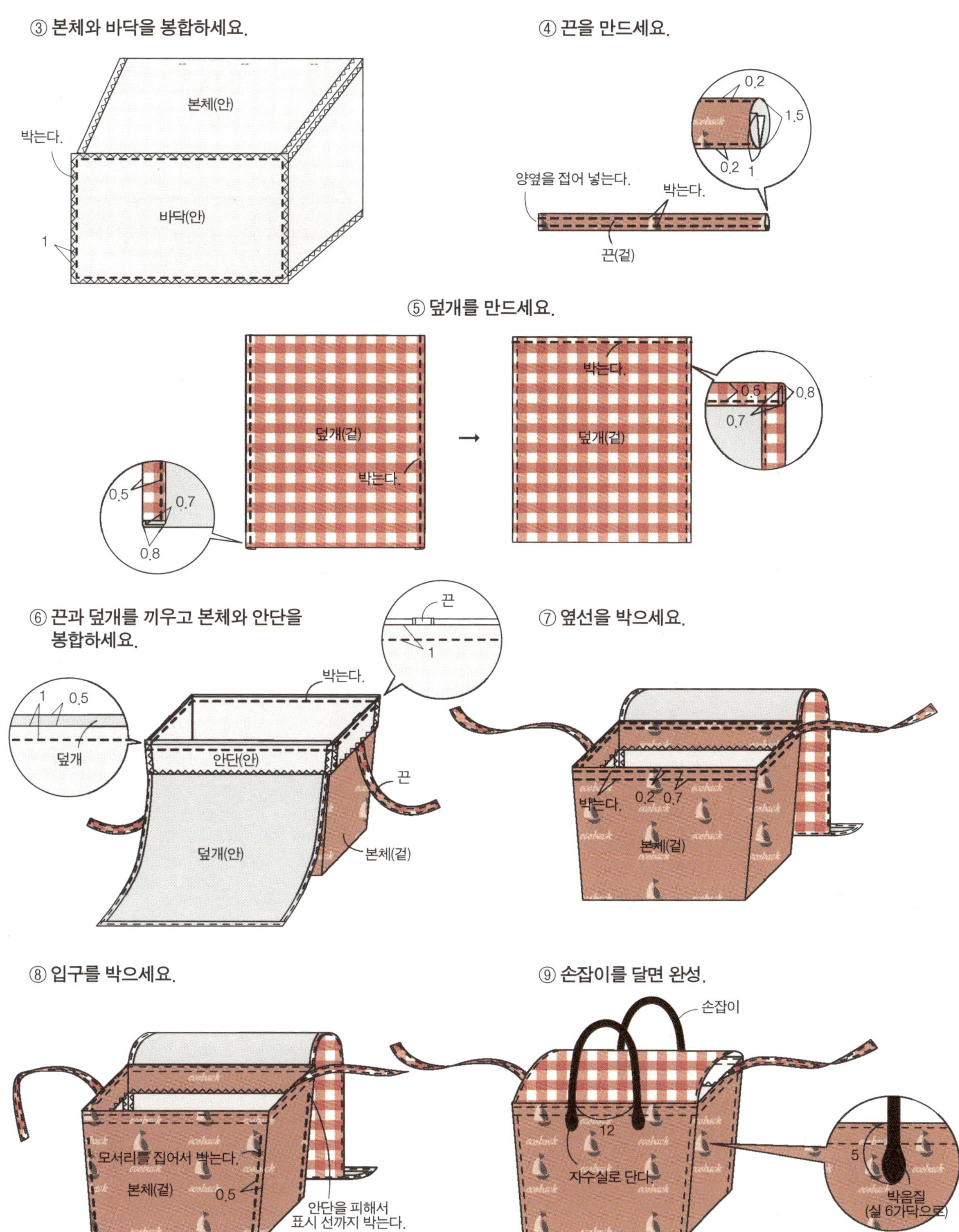
③ 본체와 바닥을 봉합하세요.
본체(안)
박는다.
바닥(안)
1
④ 끈을 만드세요.
0.2
1.5
0.2
1
양옆을 접어 넣는다.
박는다.
끈(겉)
⑤ 덮개를 만드세요.
0.5
0.7
0.8
덮개(겉)
박는다.
→
박는다.
덮개(겉)
0.5
0.8
0.7
⑥ 끈과 덮개를 끼우고 본체와 안단을 봉합하세요.
끈
1
박는다.
1
0.5
덮개
안단(안)
끈
덮개(안)
본체(겉)
⑦ 옆선을 박으세요.
박는다.
0.2
0.7
본체(겉)
⑧ 입구를 박으세요.
모서리를 집어서 박는다.
본체(겉)
0.5
안단을 피해서
표시 선까지 박는다.
⑨ 손잡이를 달면 완성.
손잡이
12
자수실로 단다.
5
박음질
(실 6가닥으로)

자전거 바구니용 01

## 주머니 덮개 파랑 에코백

자전거 바구니 크기에 맞춰서 넣기도 좋고 빼기도 쉬운 자전거 바구니용 에코백이에요. 바깥쪽은 민무늬 천으로 깔끔하게, 살짝 보이는 안쪽은 날염 원단으로 주머니를 만들어 포인트를 주었습니다.

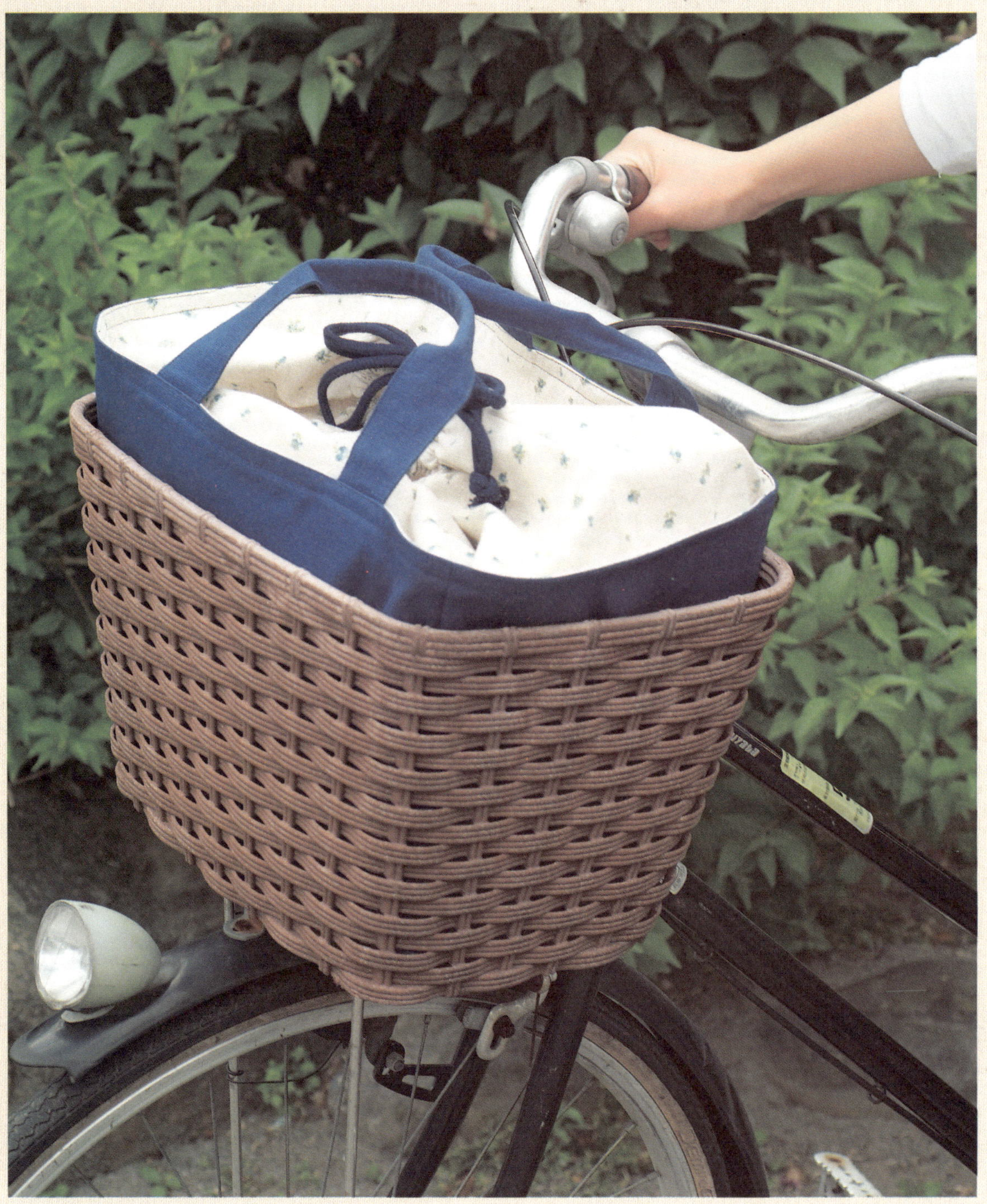

# ECO BAG

▶▶ 준비물

· 천(면 · 감색) : 105cm × 70cm

(리넨 · 꽃무늬) : 65cm × 55cm

· 접착심지 : 80cm × 60cm

· 둥근 끈(감색) : 0.5cm(굵기) × 260cm

※ 본그리기의 ( )안은 시접 치수입니다.

## 완성 치수

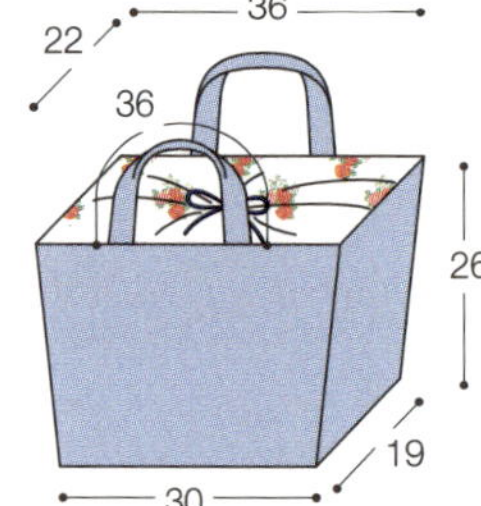
36
22
36
26
19
30

## 본 그리기

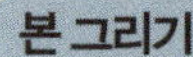

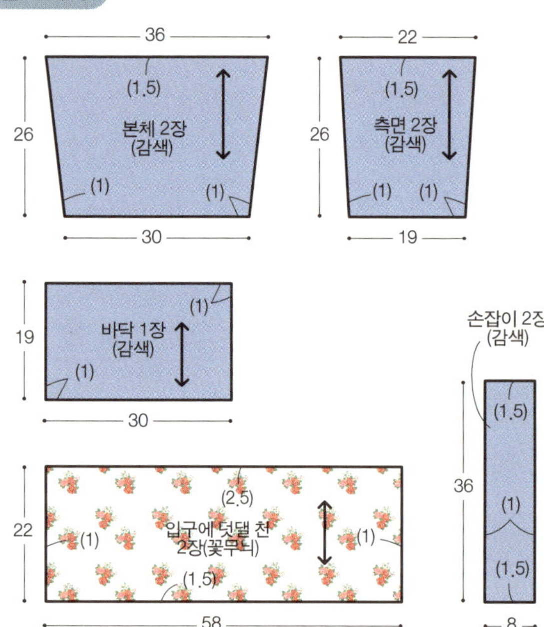
36
(1.5)
본체 2장
(감색)
26
(1)
(1)
30
22
(1.5)
측면 2장
(감색)
26
(1)
(1)
19
19
(1)
바닥 1장
(감색)
(1)
30
손잡이 2장
(감색)
(1.5)
36
(1)
(1.5)
8
22
(2.5)
입구에 덧댈 천
2장(꽃무늬)
(1)
(1)
(1.5)
58

## 마름질

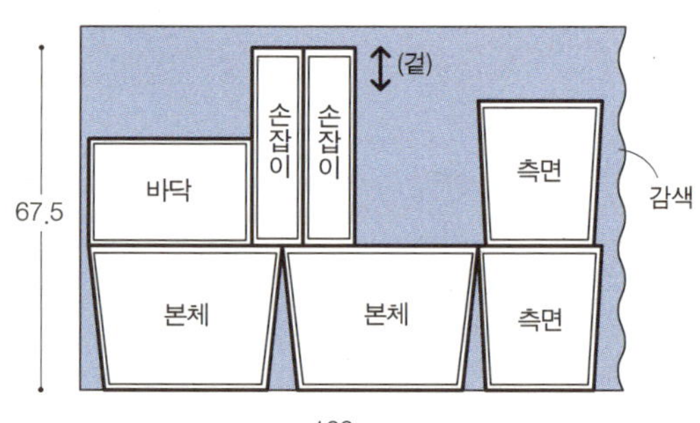
(겉)
손잡이
손잡이
바닥
측면
감색
67.5
본체
본체
측면
100

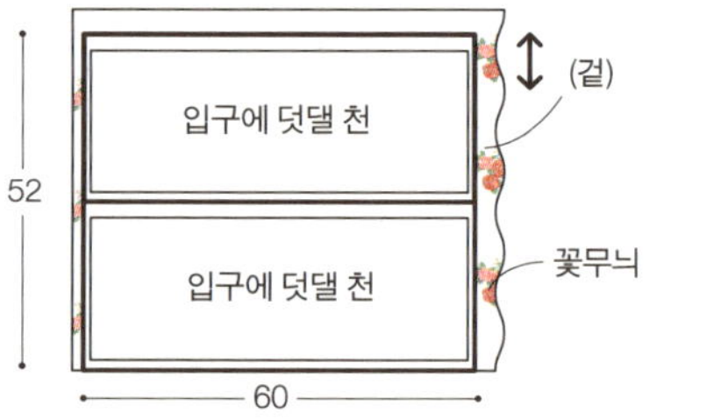
(겉)
입구에 덧댈 천
52
꽃무늬
입구에 덧댈 천
60

## 만드는 방법

① 접착심지를 붙이고 원단의 끝을 정리하세요.

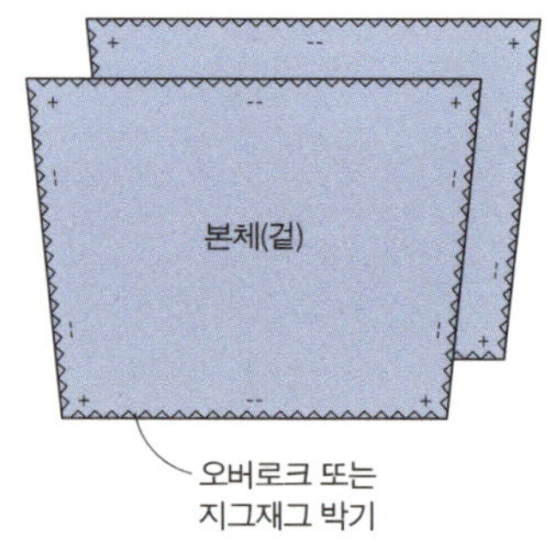
본체(겉)
오버로크 또는
지그재그 박기

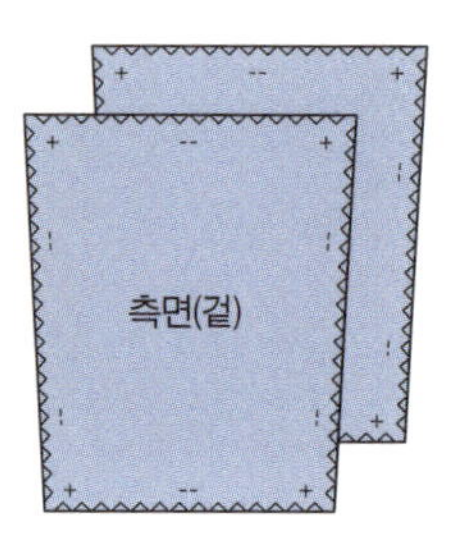
측면(겉)

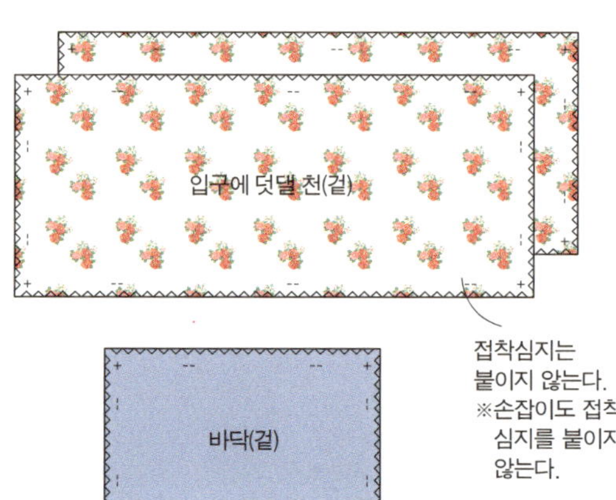
입구에 덧댈 천(겉)
바닥(겉)
접착심지는
붙이지 않는다.
※손잡이도 접착
심지를 붙이지
않는다.

② 본체와 입구에 덧댈 천의 옆선을 박으세요.

③ 본체와 바닥을 봉합하세요.

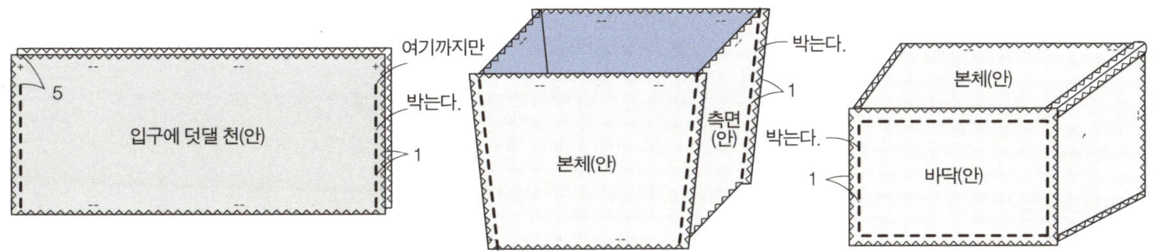

5
입구에 덧댈 천(안)
여기까지만
박는다.
1
본체(안)
측면
(안)
박는다.
1
박는다.
본체(안)
박는다.
1
바닥(안)


④ 입구에 덧댈 천의 옆선을 마무리하세요.

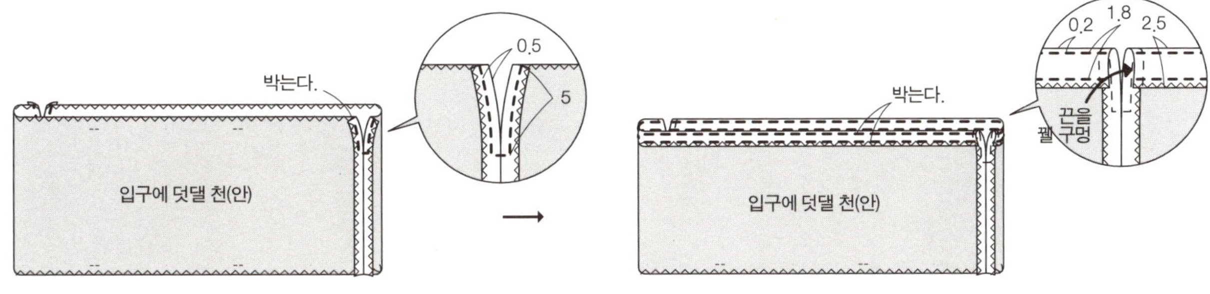

박는다.
입구에 덧댈 천(안)
0.5
5
박는다.
입구에 덧댈 천(안)
0.2
1.8
2.5
끈을
꿸 구멍


⑤ 손잡이를 만드세요.

⑥ 손잡이를 끼우고 본체와 입술감을 봉합하세요.

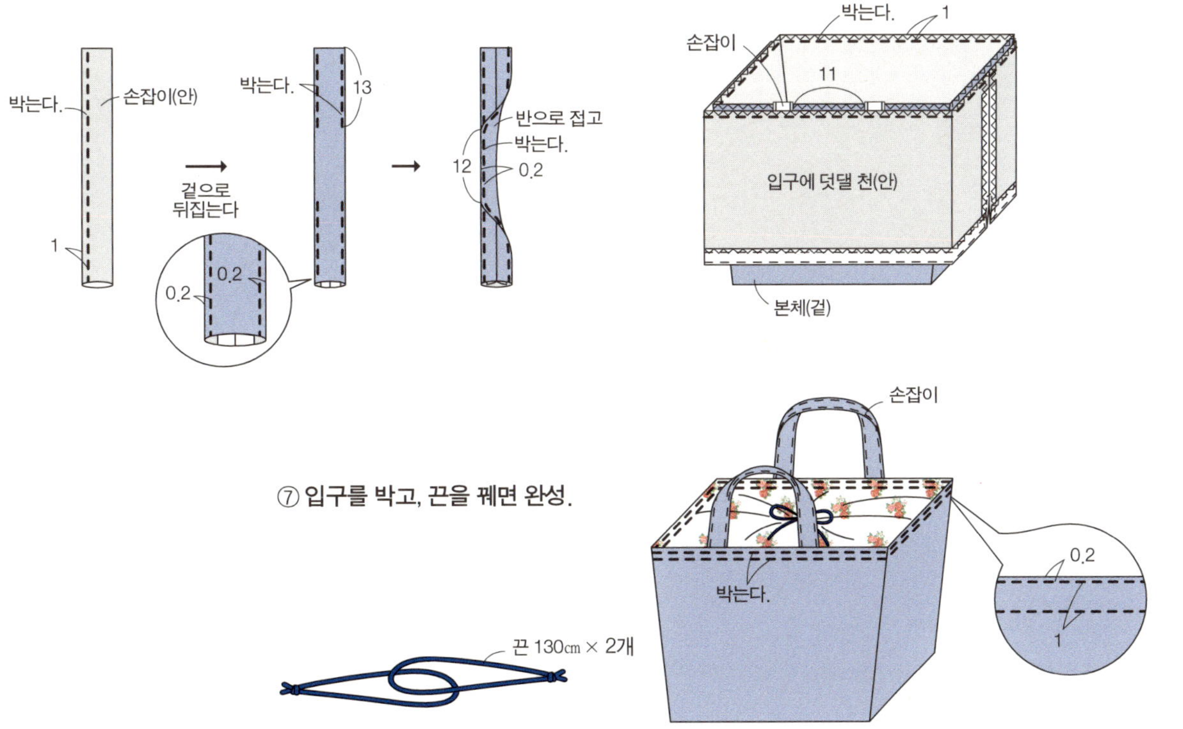

박는다.
손잡이(안)
1
겉으로
뒤집는다
0.2
0.2
박는다.
13
반으로 접고
박는다.
12
0.2
박는다.
1
손잡이
11
입구에 덧댈 천(안)
본체(겉)
손잡이
박는다.
0.2
1
끈 130㎝ × 2개


⑦ 입구를 박고, 끈을 꿰면 완성.

자전거 바구니용 02

# 주머니 덮개 빨강 에코백

자전거 바구니에 꼭 맞는 에코백이에요. 복주머니 덮개를 달아 내용물이 보이지 않고, 물건이 빠질 염려도 없어요. 사이즈도 넉넉하고 손잡이가 짧아 물건을 넣고 빼기 편리해요.

에코백 입구에 천을 덧대서 복주머니처럼 조여주면 물건이 빠질 염려가 없어요.

▶▶ 준비물
- 천(면 · 빨간색) : 130㎝ × 50㎝
  (면 · 꽃무늬) : 65㎝ × 55㎝
- 접착심지 : 80㎝ × 60㎝
- 25번 자수실 : 분홍색
- 가죽 손잡이(분홍색) : 40㎝ 1쌍
- 둥근 끈(빨간색) : 0.5㎝(굵기) × 260㎝

※ 본그리기의 ( )안은 시접 치수입니다.

## 완성 치수

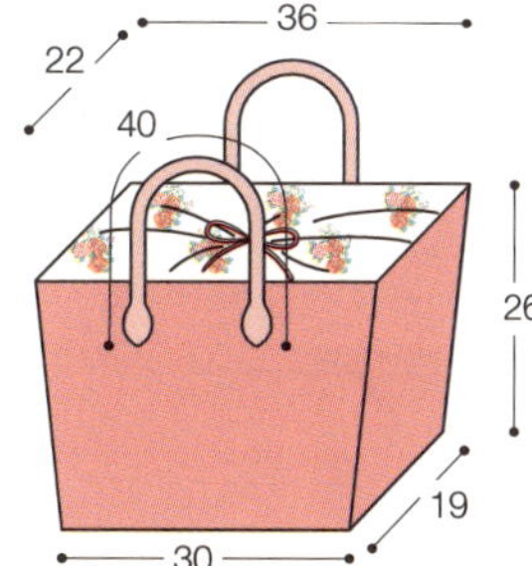

36
22
40
26
19
30


## 본 그리기

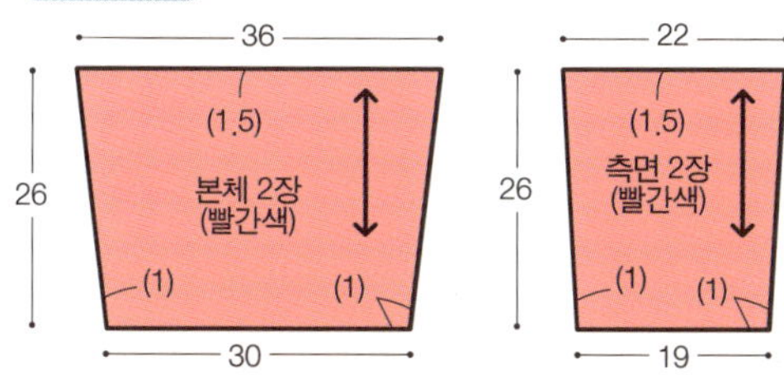

36
26
(1.5)
본체 2장
(빨간색)
(1)
(1)
30
22
26
(1.5)
측면 2장
(빨간색)
(1)
(1)
19


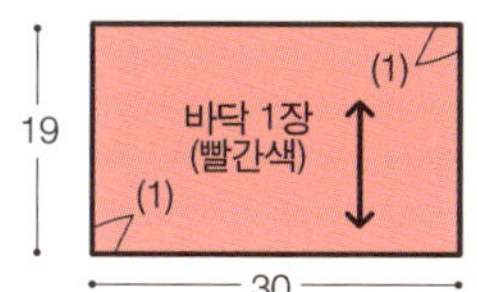

19
(1)
바닥 1장
(빨간색)
(1)
30


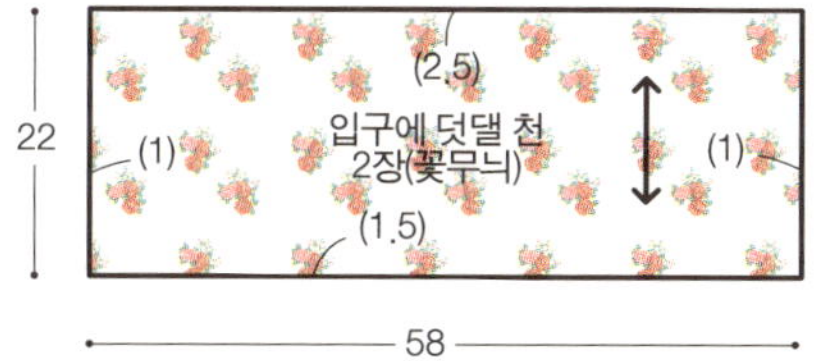

22
(2.5)
(1)
입구에 덧댈 천
2장(꽃무늬)
(1)
(1.5)
58


## 마름질

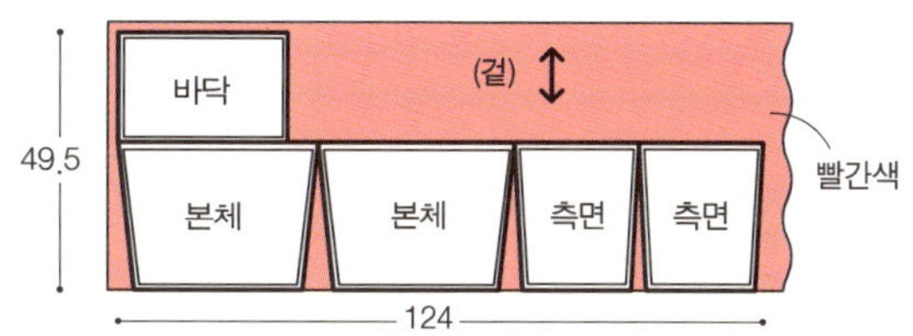

바닥
(겉)
49.5
본체
본체
측면
측면
빨간색
124


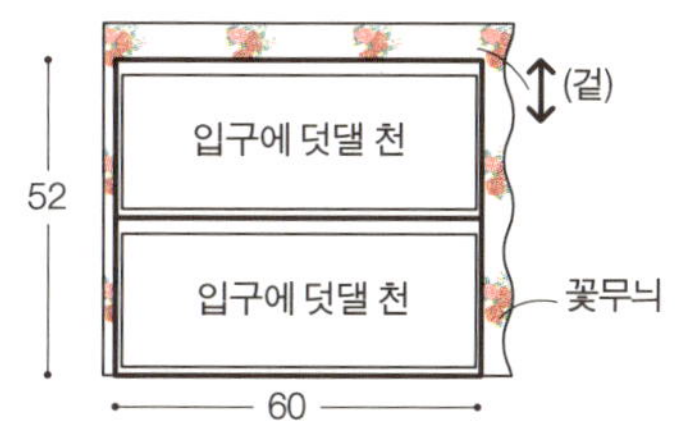

(겉)
입구에 덧댈 천
52
입구에 덧댈 천
꽃무늬
60


## 만드는 방법

① 접착심지를 붙이고 원단의 끝을 정리하세요.

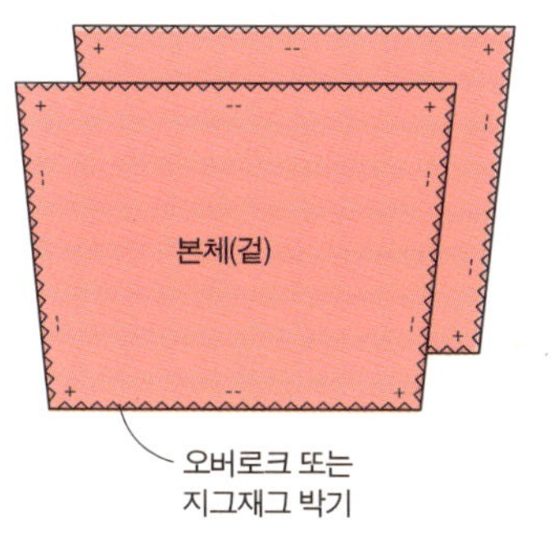

본체(겉)
오버로크 또는
지그재그 박기


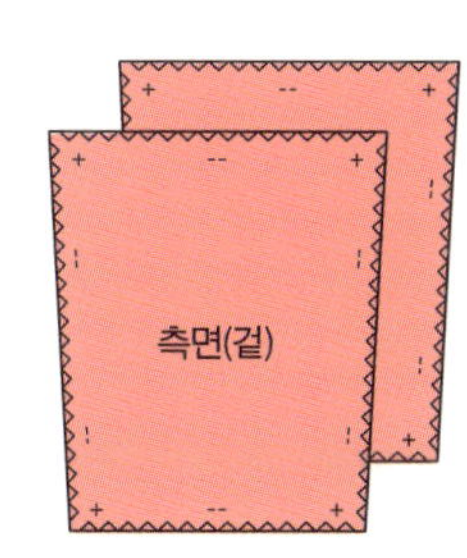

측면(겉)


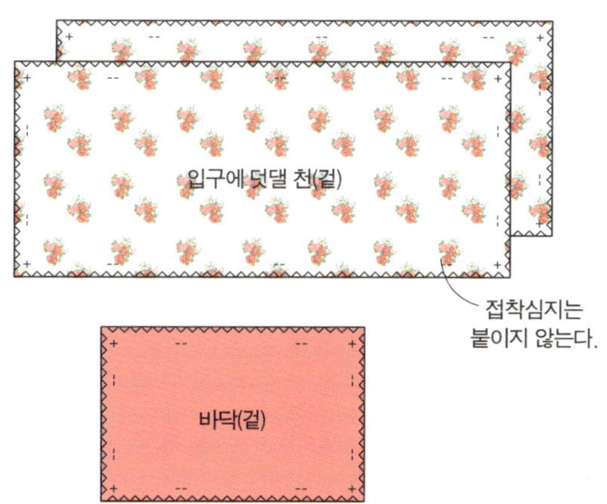

입구에 덧댈 천(겉)
접착심지는
붙이지 않는다.
바닥(겉)

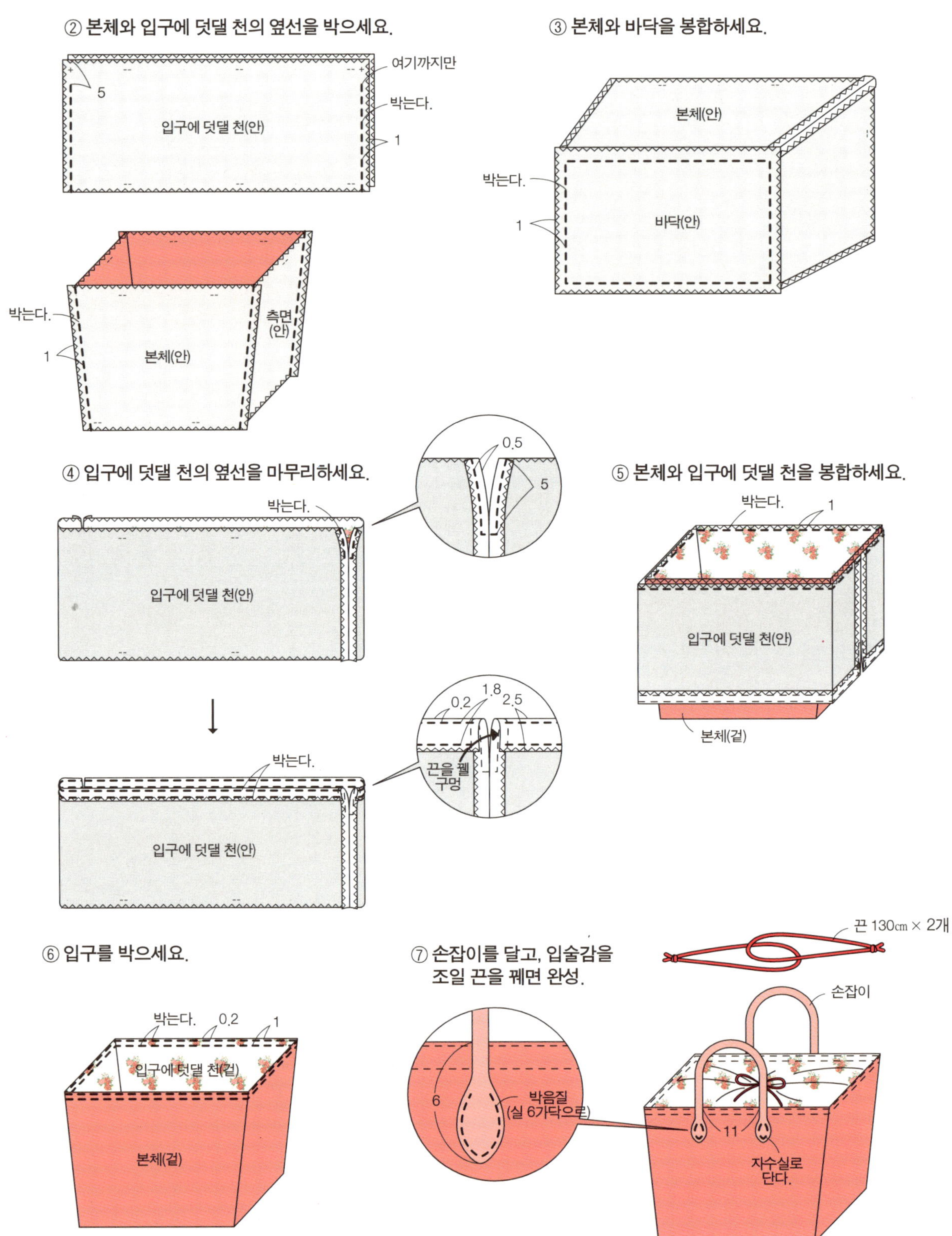
② 본체와 입구에 덧댈 천의 옆선을 박으세요.
여기까지만
5
박는다.
입구에 덧댈 천(안)
1
박는다.
1
측면(안)
본체(안)
③ 본체와 바닥을 봉합하세요.
본체(안)
박는다.
1
바닥(안)
④ 입구에 덧댈 천의 옆선을 마무리하세요.
0.5
5
박는다.
입구에 덧댈 천(안)
1.8
0.2
2.5
끈을 꿸 구멍
박는다.
입구에 덧댈 천(안)
⑤ 본체와 입구에 덧댈 천을 봉합하세요.
박는다.
1
입구에 덧댈 천(안)
본체(겉)
⑥ 입구를 박으세요.
박는다.
0.2
1
입구에 덧댈 천(겉)
본체(겉)
⑦ 손잡이를 달고, 입술감을 조일 끈을 꿰면 완성.
끈 130㎝ × 2개
손잡이
6
박음질 (실 6가닥으로)
11
자수실로 단다.

방수 에코 파우치 01 · 02 · 03 · 04

# 방수 주머니

나일론과 비닐 소재로 만들어서 젖은 물건을 담기에 좋은 방수 에코 파우치예요. 고기나 생선, 냉동식품 등 물기 있는 물건을 담을 때 유용하게 쓸 수 있어요.

01
02
03
04
비닐과 나일론으로 만들어서 물기에 강해요.

▶▶ 01 준비물

· 천(나일론) : 80㎝ × 40㎝

· 둥근 끈 : 0.5㎝(굵기) × 200㎝

※ 본그리기의 ( )안은 시접 치수입니다.

## 완성 치수

24

21

16

## 본 그리기

32

37

(2.5)

(1)

(1)

본체 2장

## 마름질

35.5

78

본체

본체

(겉)

## 만드는 방법

① 원단의 끝을 정리하세요.

본체(겉)

오버로크 또는 지그재그 박기

② 본체의 가장자리를 박으세요.

여기까지만

6

박는다.

1

본체(안)

③ 옆선의 아래를 박으세요.

본체(안)

박는다.

8

8

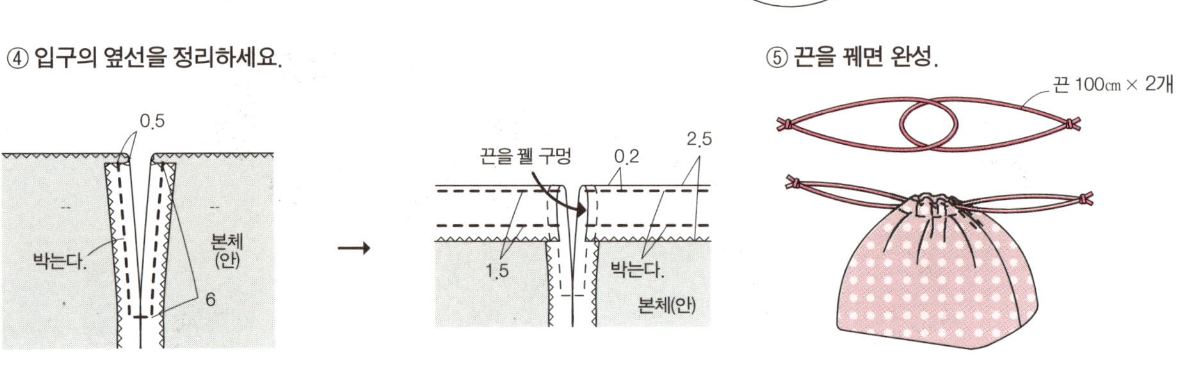
④ 입구의 옆선을 정리하세요.
0.5
박는다.
본체
(안)
6
끈을 꿸 구멍
0.2
2.5
1.5
박는다.
본체(안)
⑤ 끈을 꿰면 완성.
끈 100㎝ × 2개

### ▶▶ 02 준비물

· 천(나일론 · 노란색) : 85cm × 20cm
· 천(비닐 · 격자무늬) : 45cm × 35cm
· 둥근 끈(노란색) : 0.5cm(굵기) × 220cm
※ 본그리기의 ( )안은 시접 치수입니다.

## 완성 치수

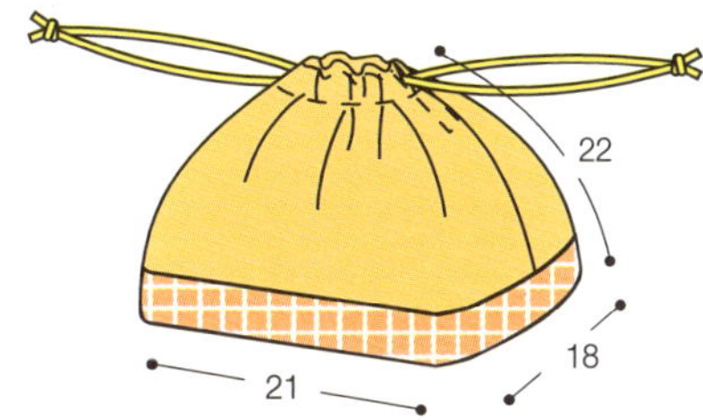

22
18
21


## 본 그리기

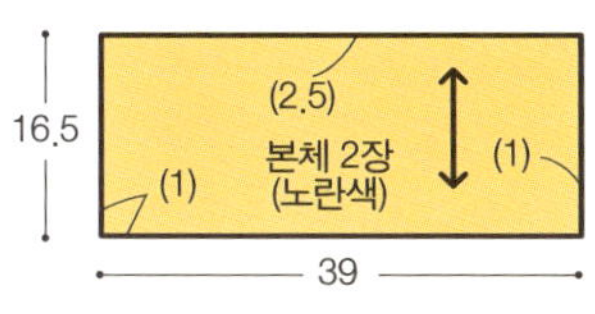

16.5
(2.5)
본체 2장
(노란색)
(1)
(1)
39


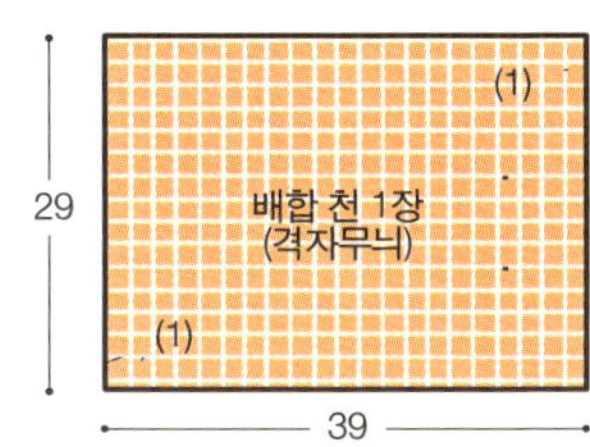

29
(1)
배합 천 1장
(격자무늬)
(1)
39


## 마름질

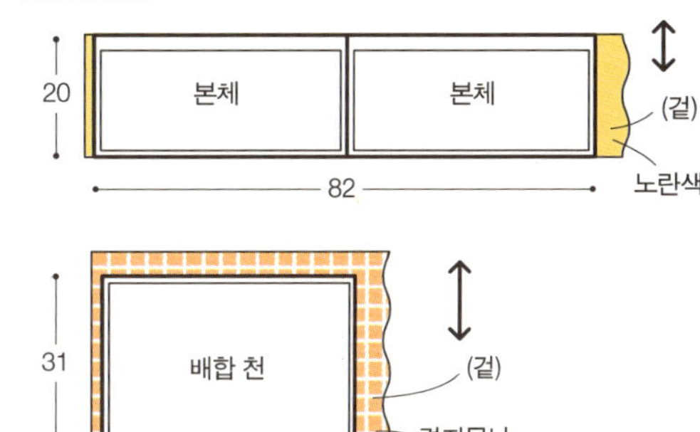

20
본체
본체
(겉)
노란색
82
31
배합 천
(겉)
격자무늬
41


## 만드는 방법

① 원단의 끝을 정리하세요.

② 본체와 배합 천을 봉합하세요.

③ 양옆을 박으세요.

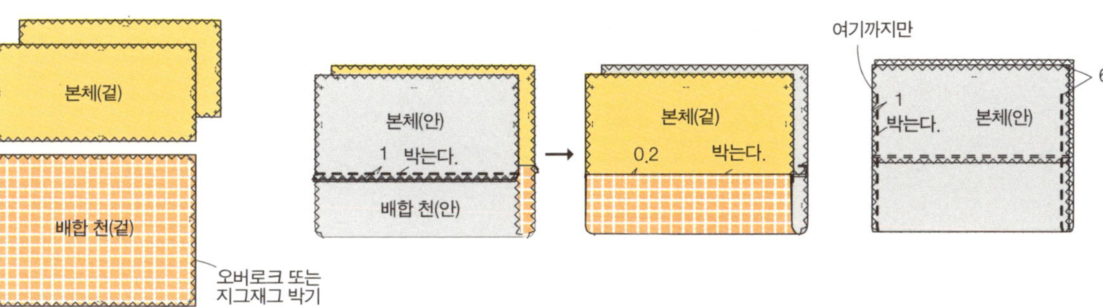

본체(겉)
배합 천(겉)
오버로크 또는
지그재그 박기
본체(안)
1 박는다.
배합 천(안)
본체(겉)
0.2
박는다.
여기까지만
1
박는다.
본체(안)
6


④ 옆선의 아래를 박는다.

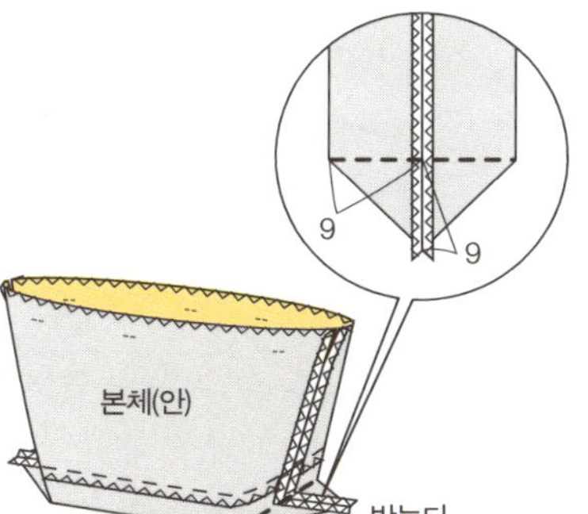

9
9
본체(안)
박는다.


⑤ 입구의 옆선을 정리하세요.

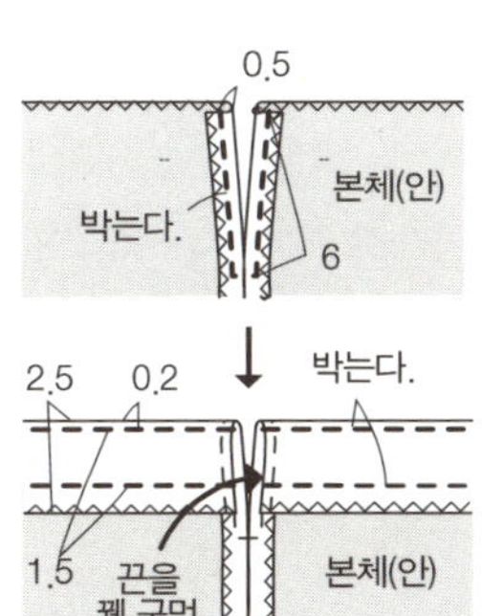

0.5
본체(안)
박는다.
6
박는다.
2.5
0.2
1.5
끈을
꿸 구멍
본체(안)


⑥ 끈을 꿰면 완성.

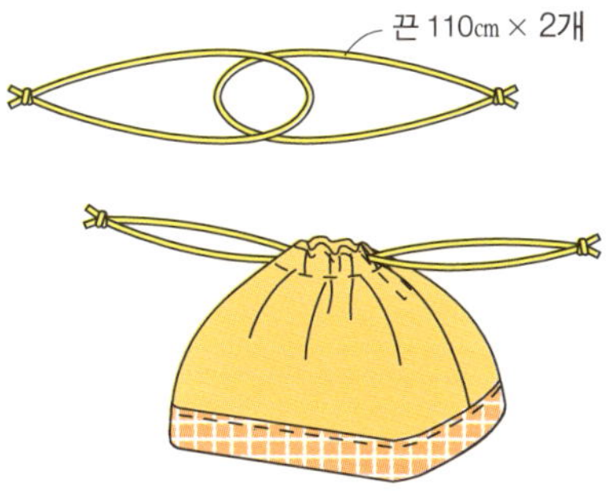

끈 110cm × 2개

### 03 준비물

· 천(나일론) : 75cm × 40cm

· 둥근 끈(오렌지색) : 0.5cm(굵기) × 180cm

※ 본그리기의 (  )안은 시접 치수입니다.

## 완성 치수

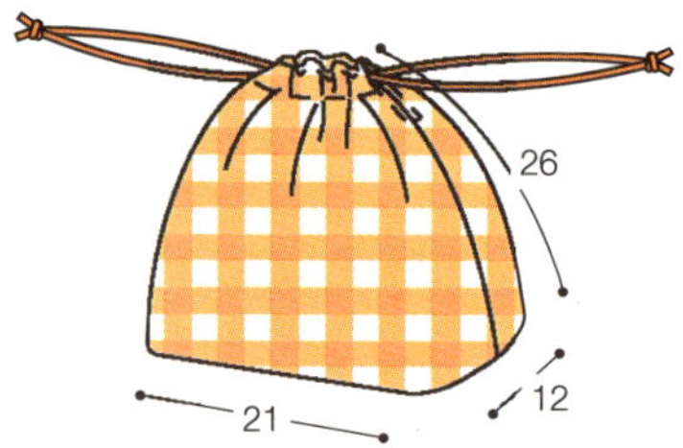

26
21
12


## 본 그리기

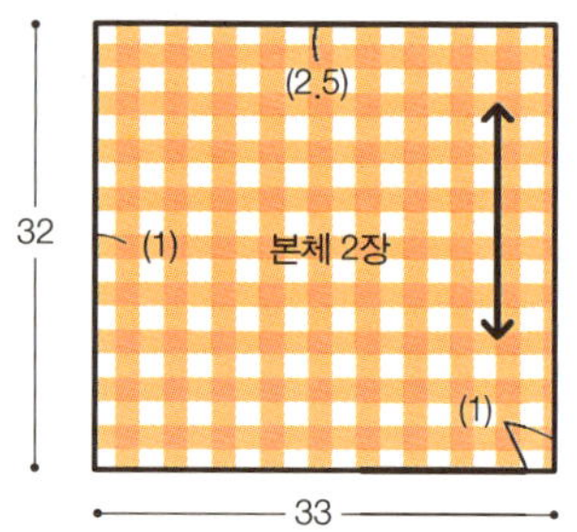

(2.5)
32
(1)
본체 2장
(1)
33


## 마름질

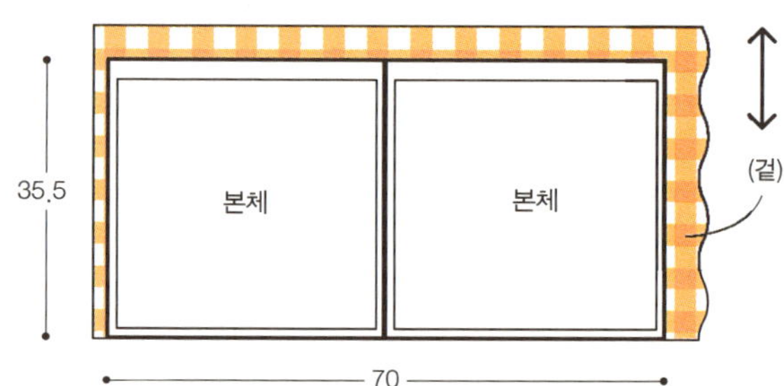

35.5
본체
본체
(겉)
70


## 만드는 방법

① 원단의 끝을 정리하세요.

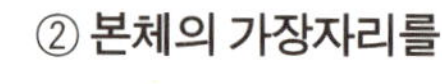

② 본체의 가장자리를 박으세요.

③ 옆선의 아래를 박으세요.

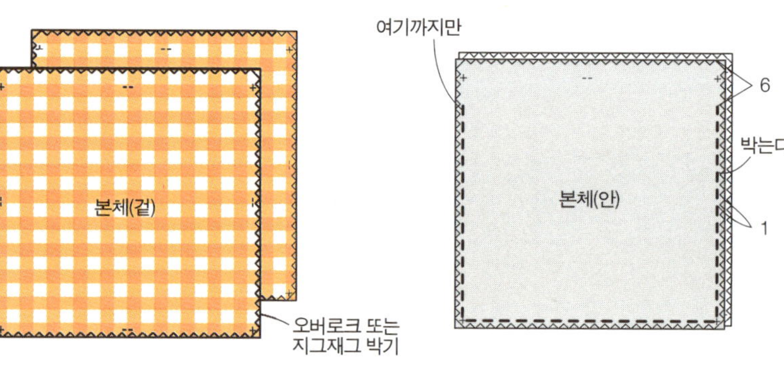

본체(겉)
오버로크 또는
지그재그 박기
여기까지만
6
박는다.
본체(안)
1


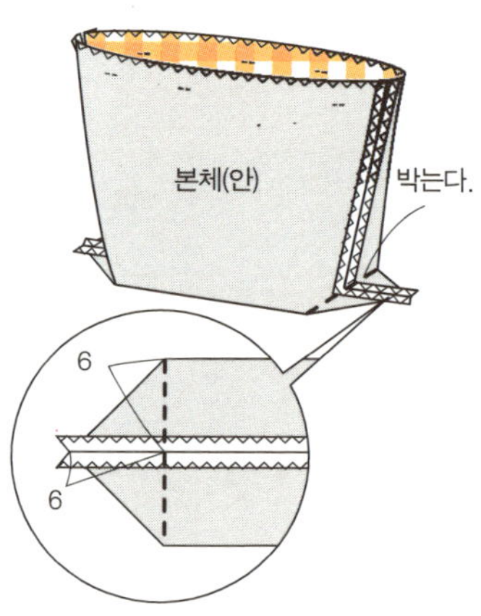

본체(안)
박는다.
6
6


④ 입구의 옆선을 정리하세요.

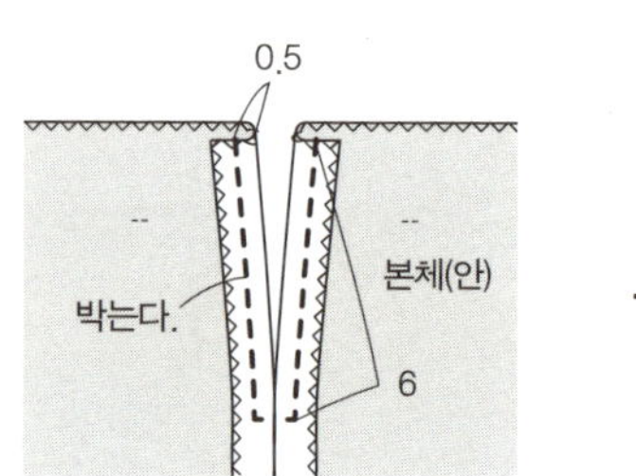

0.5
박는다.
본체(안)
6


→

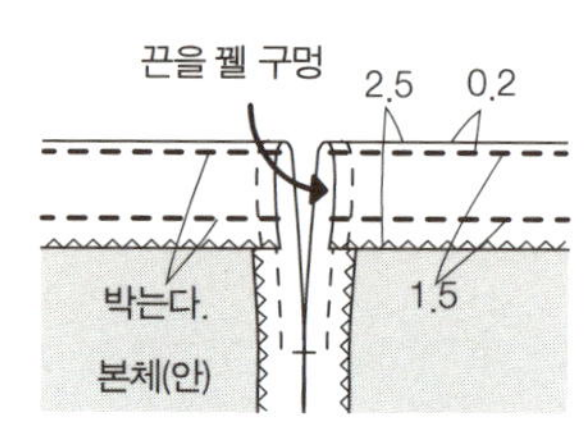

끈을 꿸 구멍
2.5
0.2
박는다.
1.5
본체(안)


⑤ 끈을 꿰면 완성.

끈 90cm × 2개

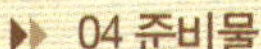

**04 준비물**

- 천(나일론) : 100㎝ × 55㎝
- 둥근 끈(노란색) : 0.5㎝(굵기) × 240㎝
- 면 끈(노란색) : 2㎝(폭) × 90㎝

※ 본그리기의 ( )안은 시접 치수입니다.

## 완성 치수

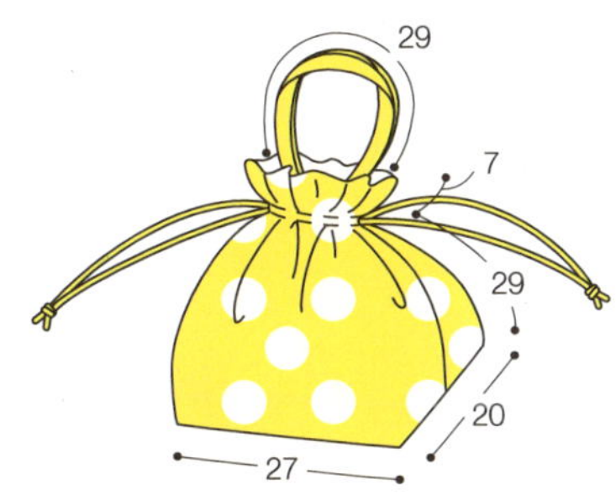

29
7
29
20
27


## 본 그리기

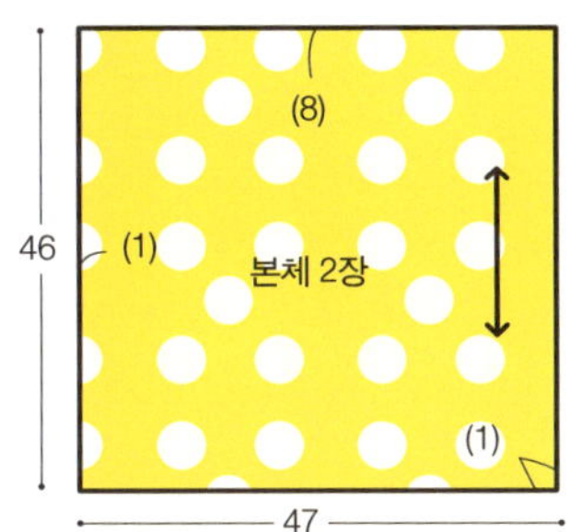

(8)
46
(1)
본체 2장
(1)
47


## 마름질

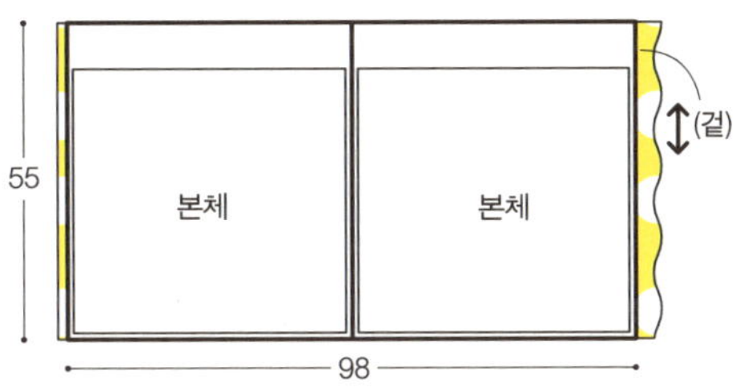

(겉)
55
본체
본체
98


## 만드는 방법

① 원단의 끝을 정리하세요.

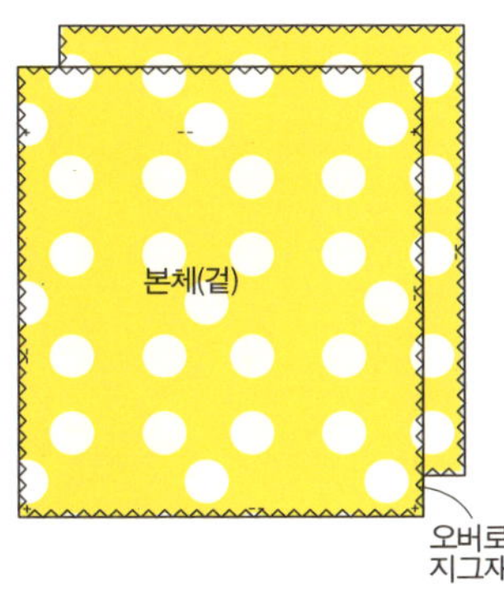

본체(겉)
오버로크 또는
지그재그 박기


② 본체에 손잡이를 달아주세요.

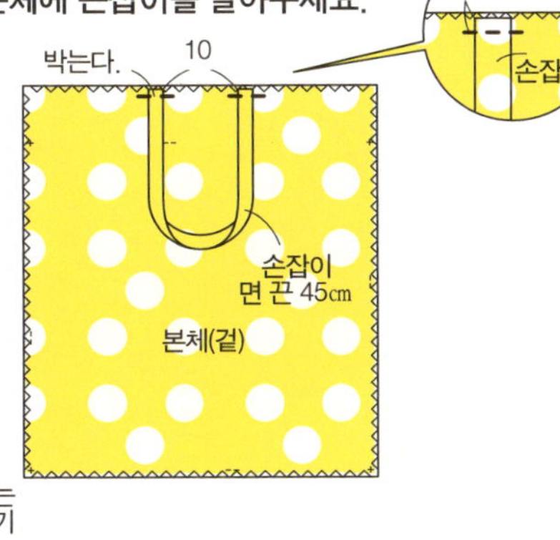

박는다.
10
1
손잡이
손잡이
면 끈 45㎝
본체(겉)


③ 본체의 가장자리를 박으세요.

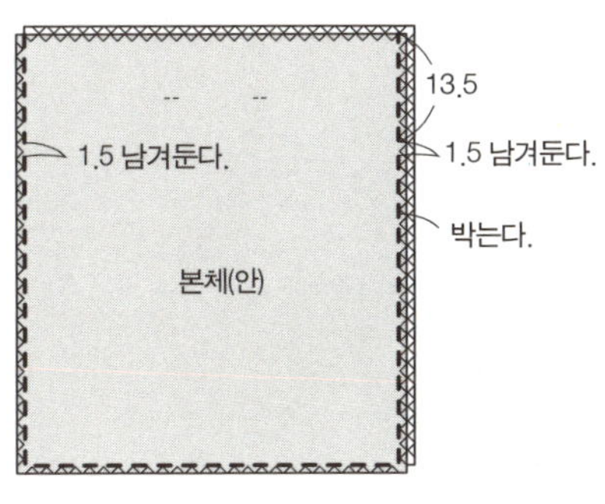

13.5
1.5 남겨둔다.
1.5 남겨둔다.
박는다.
본체(안)


④ 옆선의 아래를 박으세요.

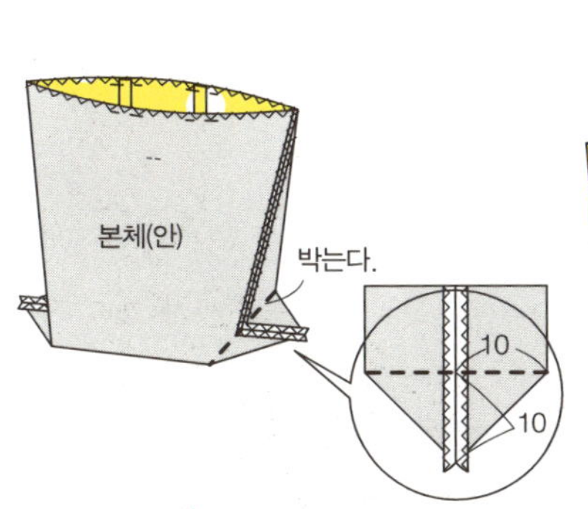

본체(안)
박는다.
10
10


⑤ 입구를 마무리하세요.

⑥ 끈을 꿰면 완성.

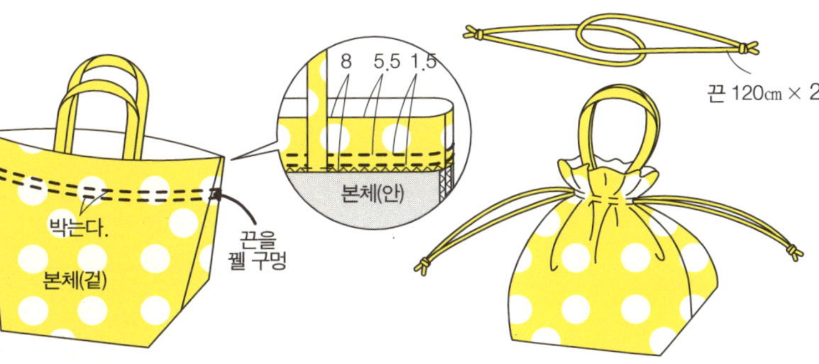

8
5.5
1.5
박는다.
본체(겉)
본체(안)
끈을
꿸 구멍
끈 120㎝ × 2개

미니 스타일 01

## 작은 에코백

지금까지 소개한 에코백의 미니 버전입니다.
가벼운 산책이나 집 앞 슈퍼에 잠깐 가야할 때 지갑,
휴대폰 등 소지품을 넣어서 가지고 나가기 딱 좋아요.

Love
NON-CARBONATED
LUAU
PUNCH

 준비물

- 천(면) : 70cm × 40cm
- 접착심지 : 10cm × 5cm
- 25번 자수실(빨간색) : 적당량

※ 본그리기의 ( )안은 시접 치수입니다.

※ 자수 도안은 92쪽을 참조하세요.

## 완성 치수

32
22
15
10


## 본 그리기

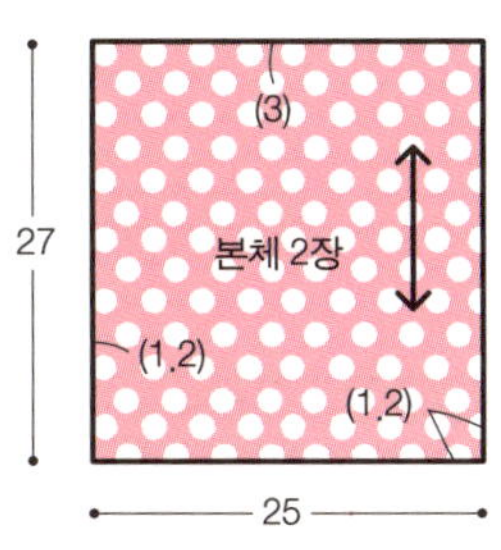

(3)
27
본체 2장
(1.2)
(1.2)
25


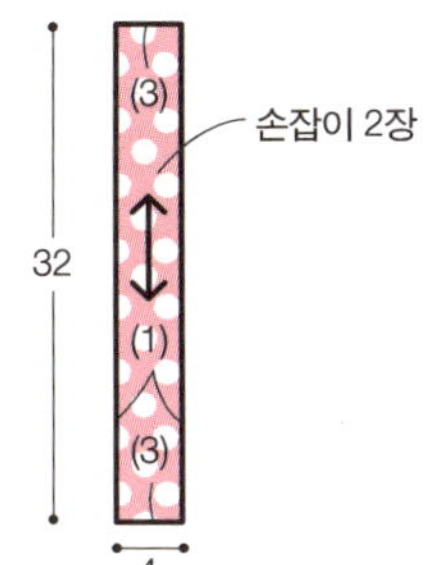

(3)
손잡이 2장
32
(1)
(3)
4


## 마름질

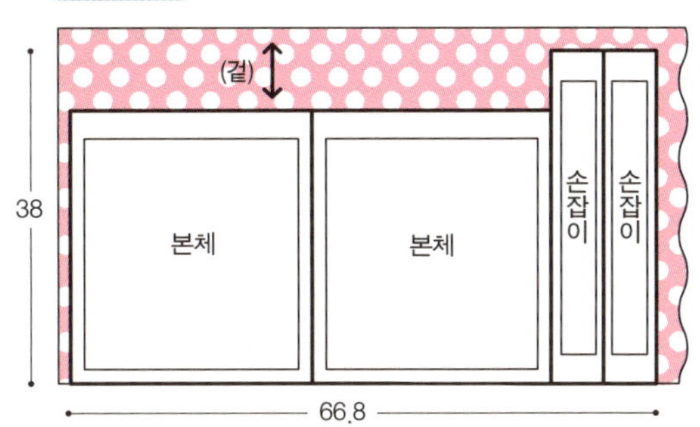

(겉)
38
본체
본체
손잡이
손잡이
66.8


## 만드는 방법

① 본체에 수를 놓으세요.

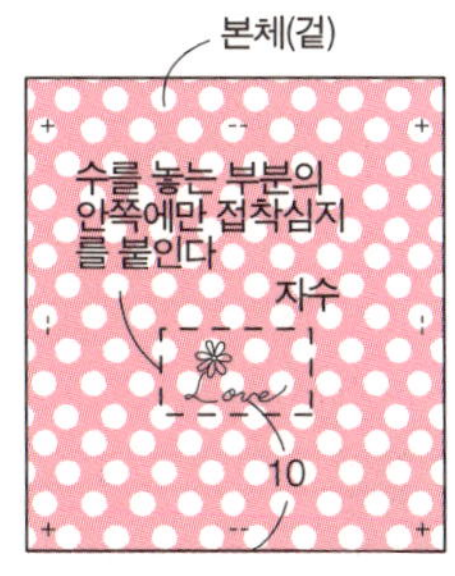

본체(겉)
수를 놓는 부분의 안쪽에만 접착심지를 붙인다
자수
10


② 손잡이를 만드세요.

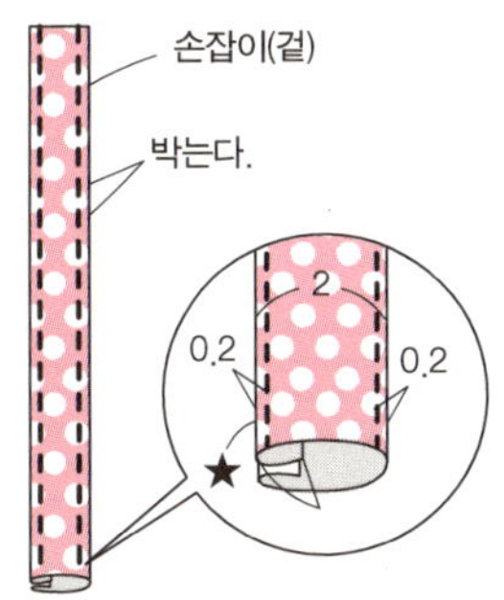

손잡이(겉)
박는다.
2
0.2
0.2


③ 본체에 손잡이를 달아주세요.

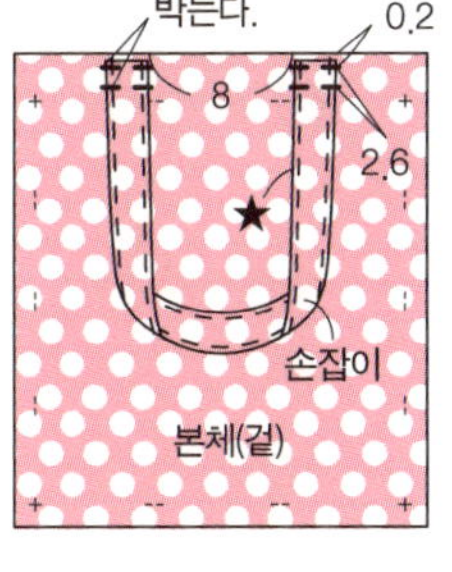

박는다.
0.2
8
2.6
손잡이
본체(겉)


④ 본체의 가장자리를 박은 후에 안으로 뒤집어 가장자리를 한 번 더 박으세요.

⑤ 옆선의 아래를 박으세요.

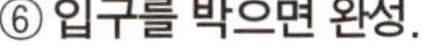

⑥ 입구를 박으면 완성.

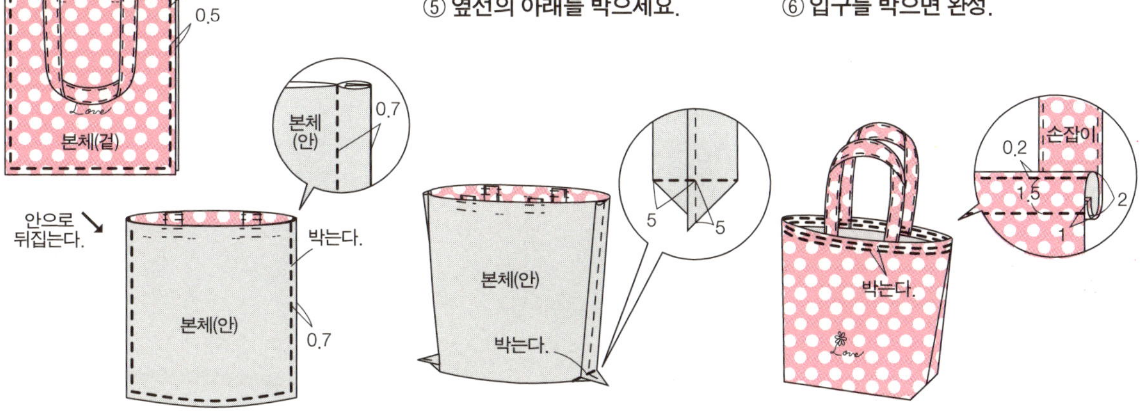

박는다.
0.5
본체(겉)
본체(안)
0.7
안으로 뒤집는다.
박는다.
본체(안)
0.7
본체(안)
박는다.
5
5
손잡이
0.2
1.5
2
1
박는다.

미니 스타일 02

## 어린이용 에코백

어린이용 에코백으로 좋은 미니 에코백입니다.
간단한 심부름을 보낼 때도 좋아요.
자신만의 가방이 있으면 심부름도 즐겁겠지요?

HAPPY DAY'S 365
HAPPY DAY'S 365

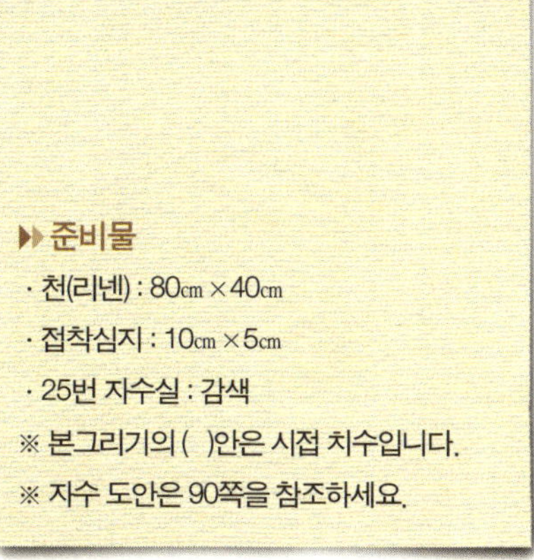

**▶▶ 준비물**

· 천(리넨) : 80cm × 40cm

· 접착심지 : 10cm × 5cm

· 25번 자수실 : 감색

※ 본그리기의 ( )안은 시접 치수입니다.

※ 자수 도안은 90쪽을 참조하세요.

## 완성 치수

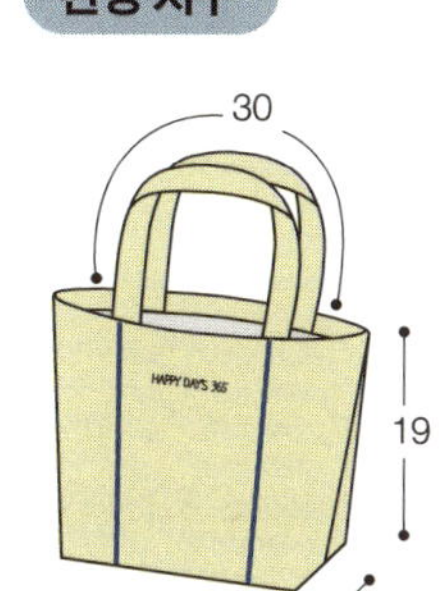
30
HAPPY DAYS 365
19
18
10

## 본 그리기

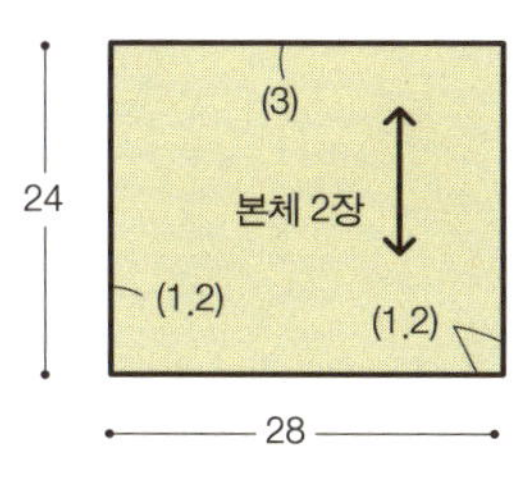
(3)
본체 2장
24
(1.2)
(1.2)
28

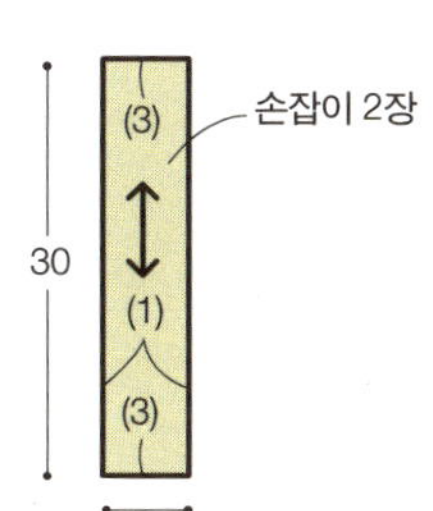
(3)
손잡이 2장
30
(1)
(3)
6

## 마름질

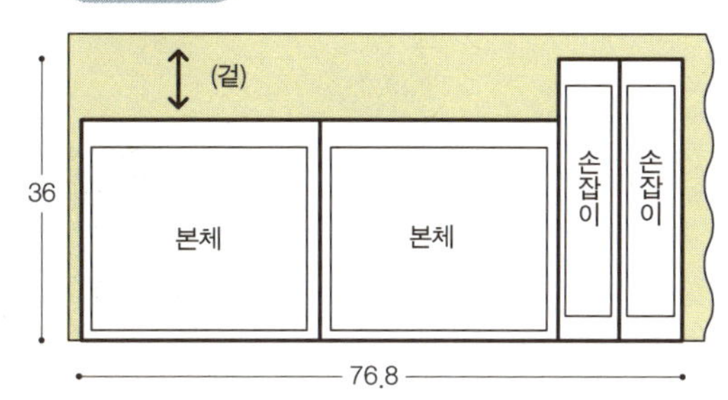
(겉)
36
본체
본체
손잡이
손잡이
76.8

## 만드는 방법

① 본체에 수를 놓으세요.

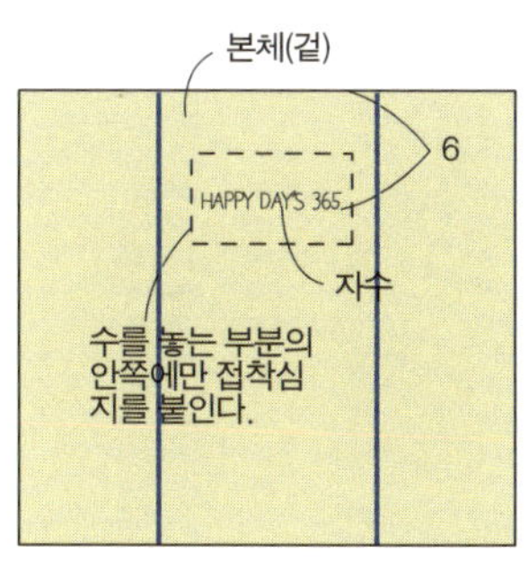
본체(겉)
6
HAPPY DAYS 365
자수
수를 놓는 부분의
안쪽에만 접착심
지를 붙인다.

② 손잡이를 만드세요.

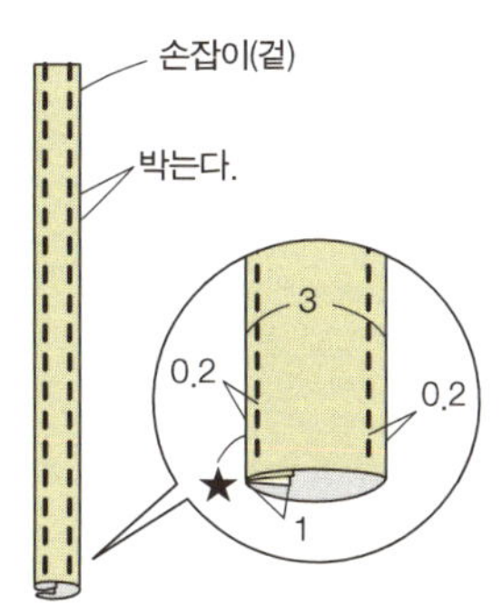
손잡이(겉)
박는다.
3
0.2
0.2
1

③ 본체에 손잡이를 달아주세요.

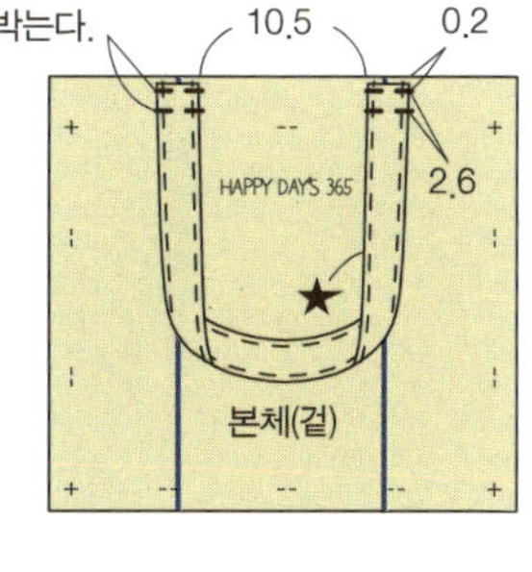
박는다.
10.5
0.2
HAPPY DAYS 365
2.6
본체(겉)

④ 본체의 가장자리를 박은 후 안으로
뒤집어 가장자리를 한 번 더 박으세요.

⑤ 옆선의 아래를 박으세요.

⑥ 입구를 박으면 완성.

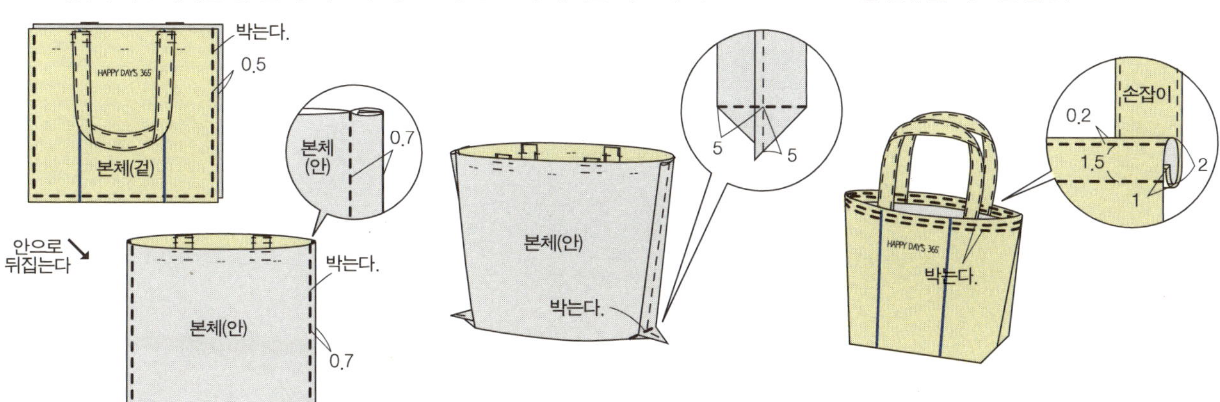
박는다.
0.5
HAPPY DAYS 365
본체(겉)
본체
(안)
0.7
안으로
뒤집는다
박는다.
본체(안)
0.7
5
5
본체(안)
박는다.
손잡이
0.2
1.5
2
1
HAPPY DAYS 365
박는다.

미니 스타일 03

# 파란체크 에코백

비닐봉투 스타일의 미니 에코백이에요.
양 옆으로 폭이 넉넉해 미니 스타일이라도 생각보다
물건을 많이 넣을 수 있답니다.

▶▶ 준비물

· 천(면) : 75cm × 45cm

※ 본그리기의 ( )안은 시접 치수입니다.

## 완성 치수

40
24

## 본 그리기

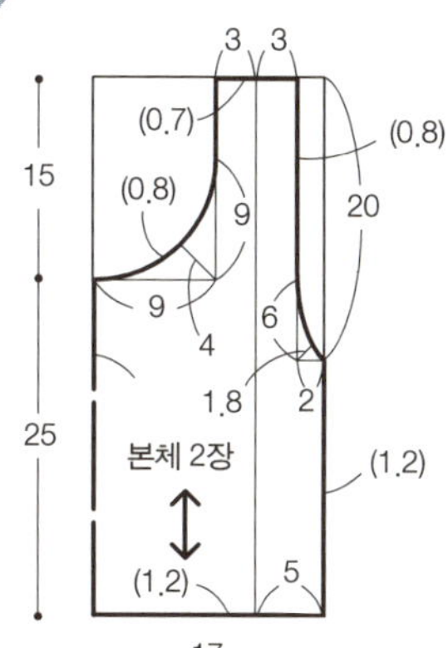
3
3
(0.7)
(0.8)
(0.8)
9
20
15
9
4
6
1.8
2
25
본체 2장
(1.2)
(1.2)
5
17

## 마름질

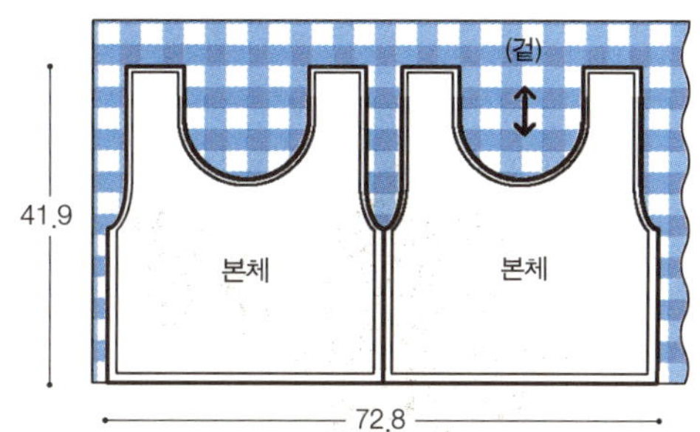
(겉)
41.9
본체
본체
72.8

## 만드는 방법

① 손잡이의 가장자리를 말아박으세요.

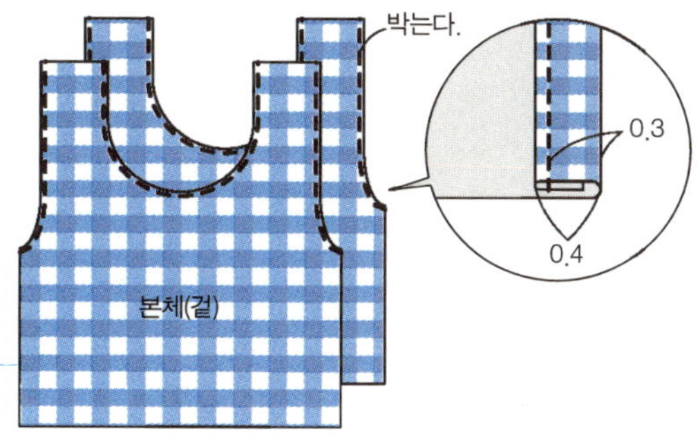
박는다.
0.3
0.4
본체(겉)

② 손잡이의 윗부분을 봉합하세요.

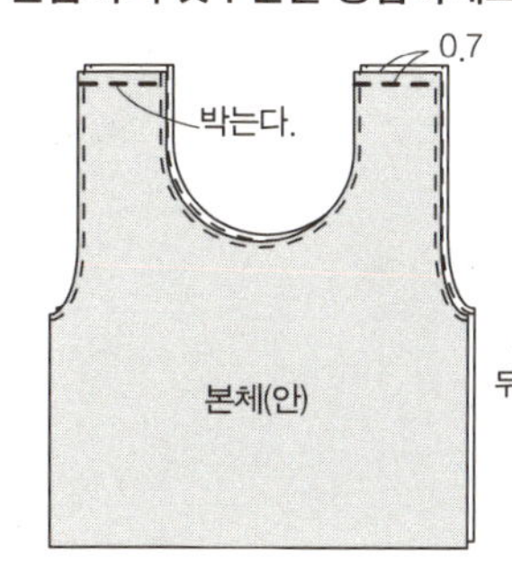
0.7
박는다.
본체(안)
겉으로
뒤집는다.

③ 본체의 가장자리를 박으세요.

박는다.
0.5
본체(겉)

④ 본체의 양옆을 박으세요.

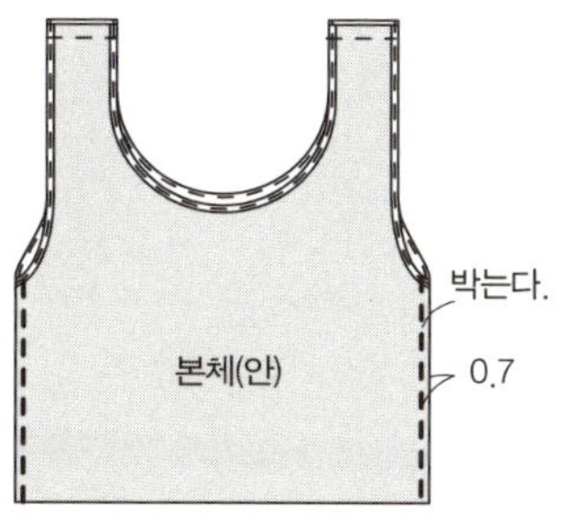
박는다.
0.7
본체(안)

⑤ 양옆을 접고 바닥을 박으세요.

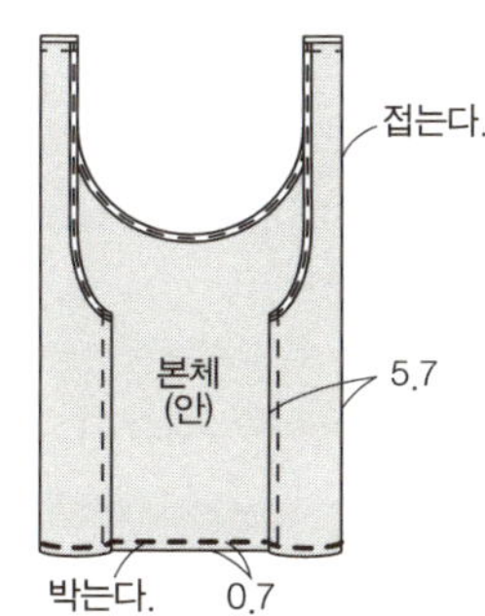
접는다.
본체
(안)
5.7
박는다.
0.7

⑥ 손잡이의 윗부분을 반으로 접고 박으면 완성.

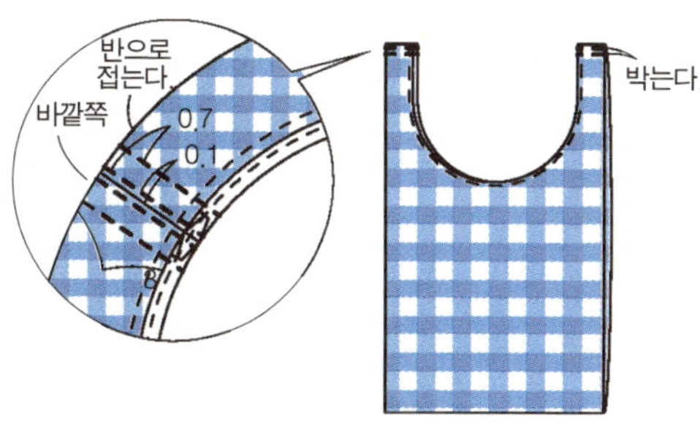
반으로
접는다.
바깥쪽
0.7
0.1
박는다.

미니 스타일 04

## 보조가방용 에코백

작은 페트병을 넣을 수 있는 세로로 긴 에코백이에요.
가운데 수를 놓아 포인트를 주어 더욱 깜찍합니다.

### ▶▶ 준비물

· 천(리넨) : 65㎝ × 45㎝
· 접착심지 : 5㎝ × 5㎝
· 25번 자수실 : 초록색
※ 본그리기의 ( )안은 시접 치수입니다.
※ 자수 도안은 90쪽을 참조하세요.

## 완성 치수

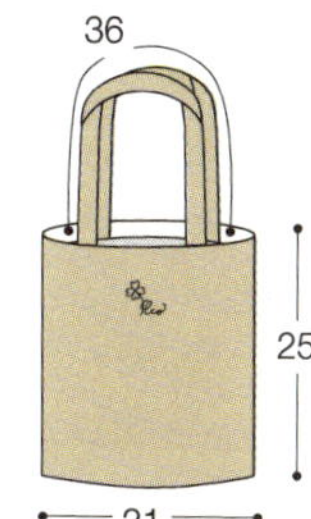
36
25
21

## 본 그리기

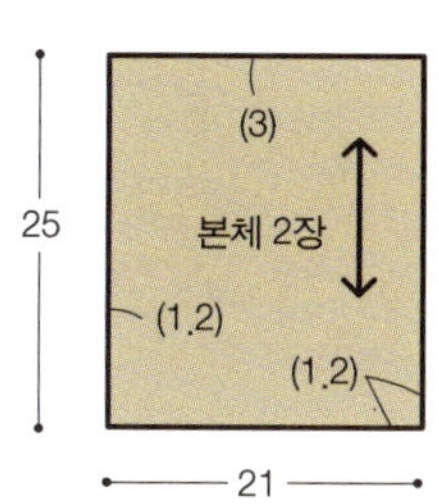
(3)
본체 2장
25
(1.2)
(1.2)
21

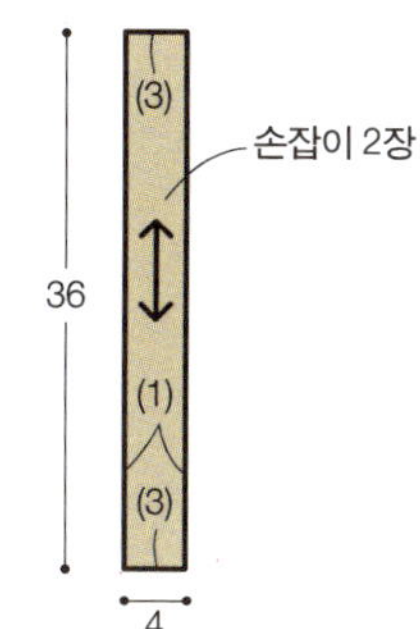
(3)
손잡이 2장
36
(1)
(3)
4

## 마름질

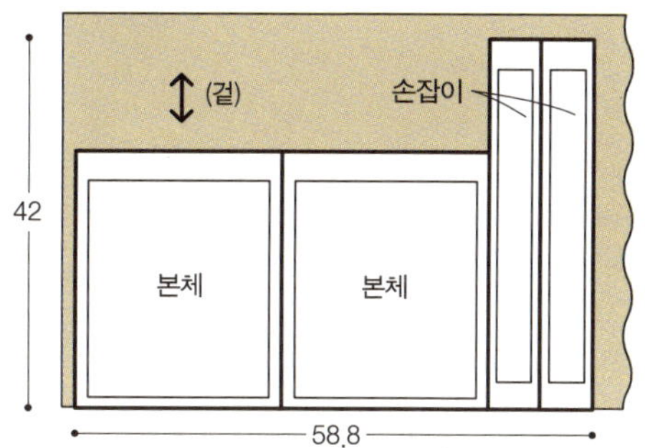
(겉)
손잡이
42
본체
본체
58.8

## 만드는 방법

① 본체에 수를 놓으세요.

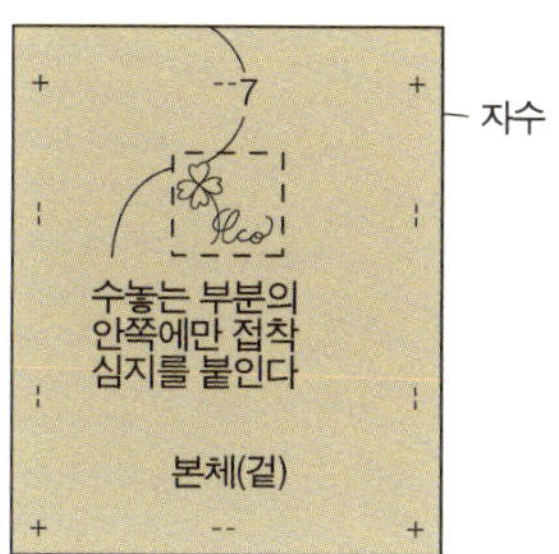
7
자수
수놓는 부분의 안쪽에만 접착 심지를 붙인다
본체(겉)

② 손잡이를 만드세요.

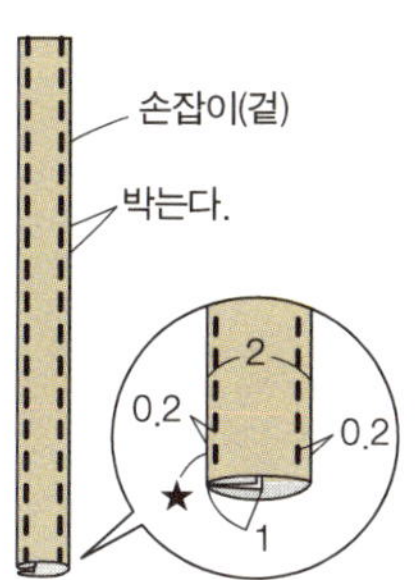
손잡이(겉)
박는다.
2
0.2
0.2
1

③ 본체에 손잡이를 달아주세요.

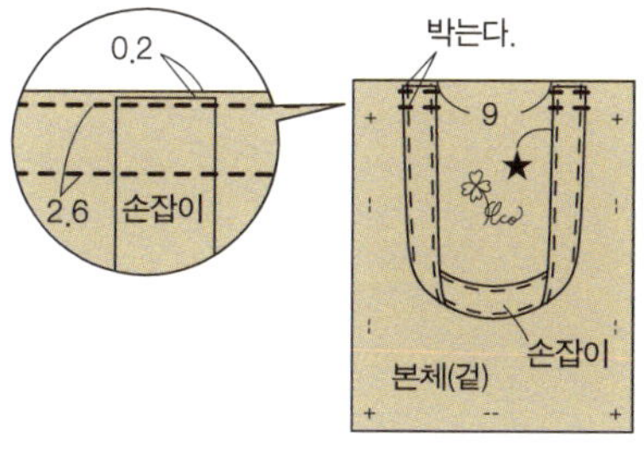
0.2
2.6
손잡이
박는다.
9
손잡이
본체(겉)

④ 본체의 가장자리를 박은 후 안으로 뒤집어 가장자리를 한 번 더 박으세요.

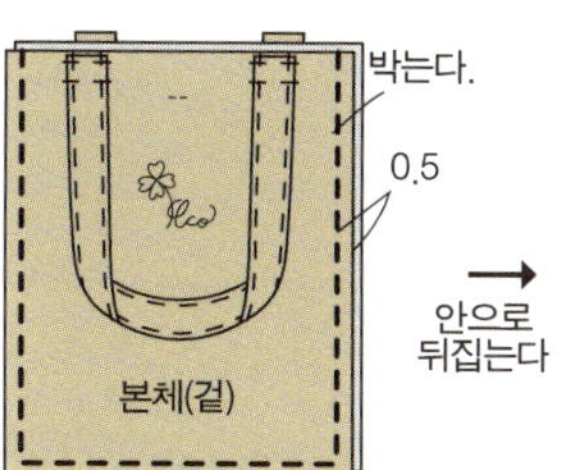
박는다.
0.5
본체(겉)
안으로 뒤집는다

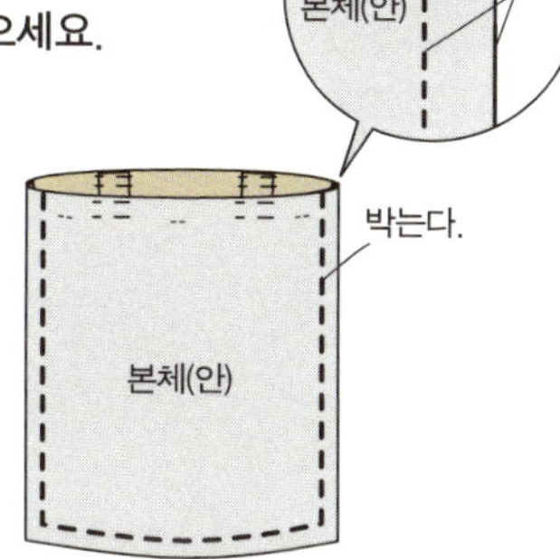
본체(안)
0.7
박는다.
본체(안)

⑤ 입구를 박으면 완성.

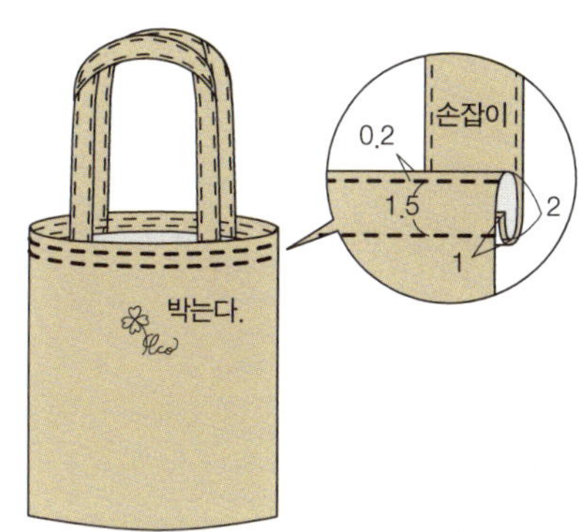
손잡이
0.2
1.5
2
1
박는다.

## P21 비닐봉투 스타일 소담한 자수 에코백

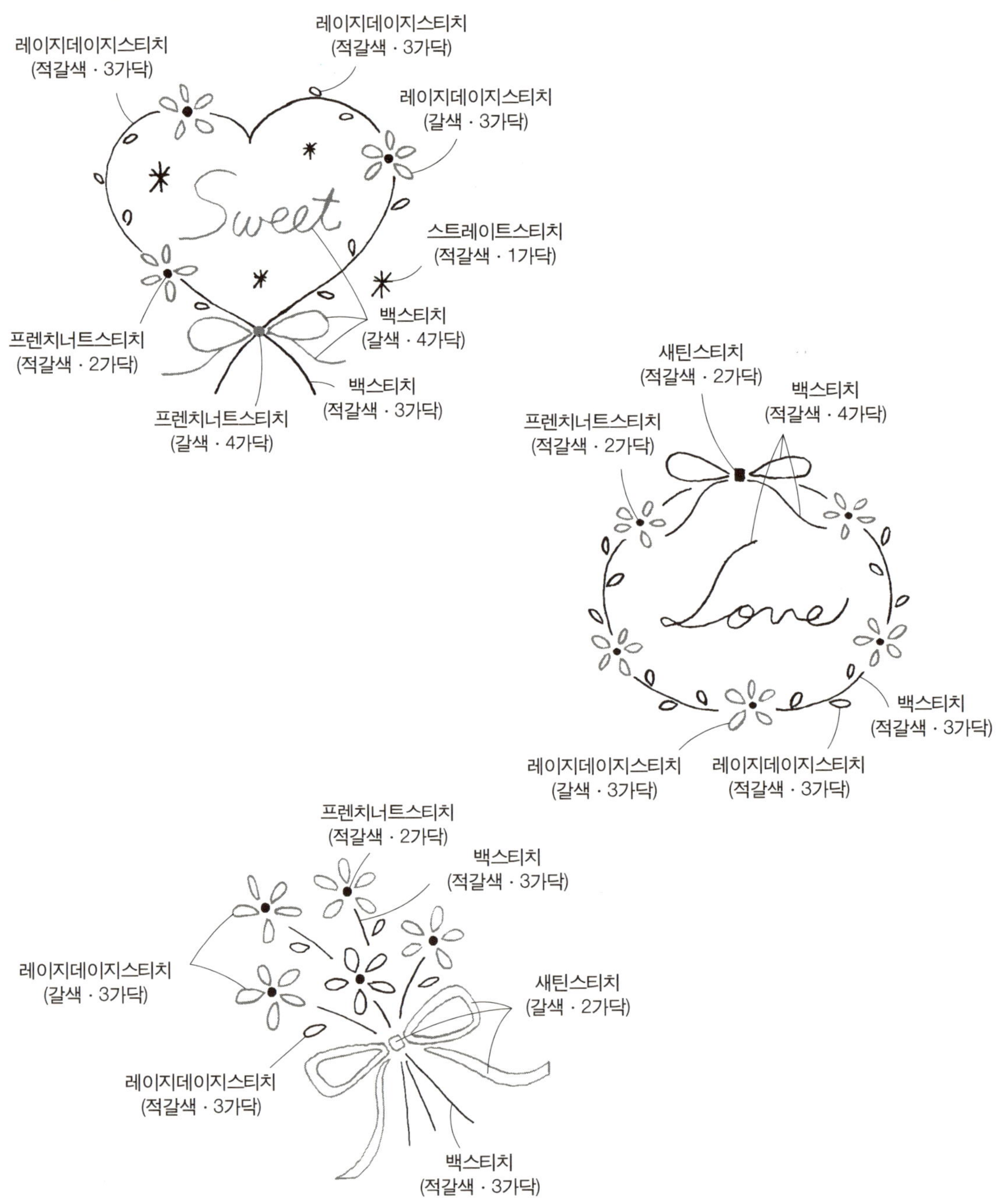
레이지데이지스티치
(적갈색 · 3가닥)
레이지데이지스티치
(적갈색 · 3가닥)
레이지데이지스티치
(갈색 · 3가닥)
Sweet
스트레이트스티치
(적갈색 · 1가닥)
백스티치
(갈색 · 4가닥)
프렌치너트스티치
(적갈색 · 2가닥)
백스티치
(적갈색 · 3가닥)
프렌치너트스티치
(갈색 · 4가닥)
새틴스티치
(적갈색 · 2가닥)
백스티치
(적갈색 · 4가닥)
프렌치너트스티치
(적갈색 · 2가닥)
Love
백스티치
(적갈색 · 3가닥)
레이지데이지스티치
(갈색 · 3가닥)
레이지데이지스티치
(적갈색 · 3가닥)
프렌치너트스티치
(적갈색 · 2가닥)
백스티치
(적갈색 · 3가닥)
레이지데이지스티치
(갈색 · 3가닥)
새틴스티치
(갈색 · 2가닥)
레이지데이지스티치
(적갈색 · 3가닥)
백스티치
(적갈색 · 3가닥)

## P28 심플 스타일 01무지 리넨 에코백

※지정하지 않은 기법은 모두 백스티치(연지색 · 3가닥)

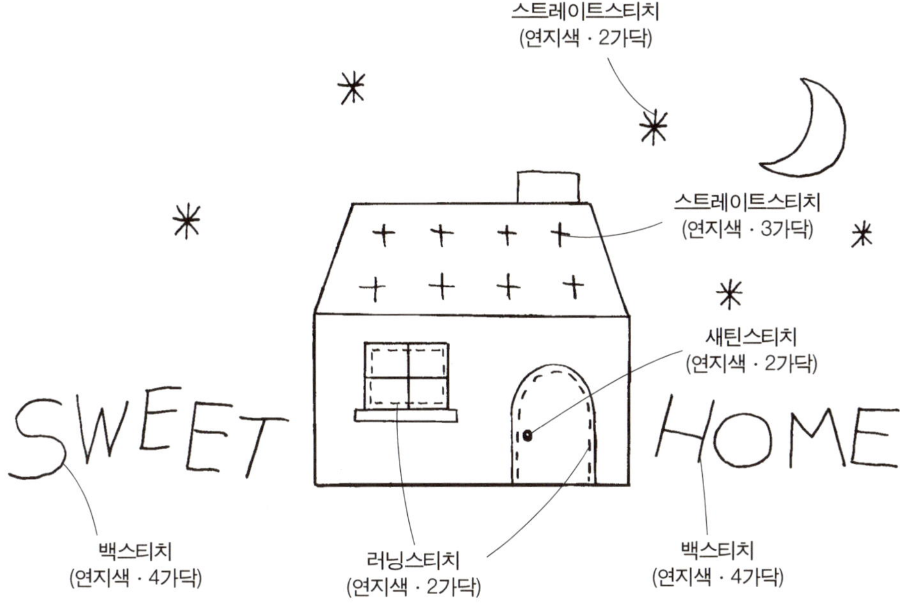

스트레이트스티치
(연지색 · 2가닥)
스트레이트스티치
(연지색 · 3가닥)
새틴스티치
(연지색 · 2가닥)
SWEET
HOME
백스티치
(연지색 · 4가닥)
러닝스티치
(연지색 · 2가닥)
백스티치
(연지색 · 4가닥)


## P28 심플 스타일 02 무지 리넨 에코백

※지정하지 않은 기법은 모두 백스티치(진한 갈색 · 3가닥)

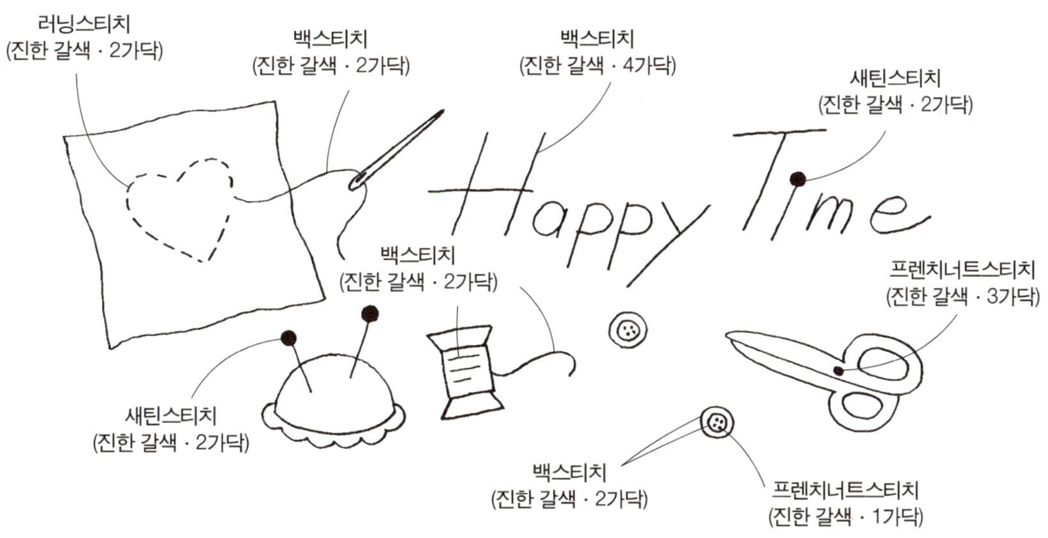

러닝스티치
(진한 갈색 · 2가닥)
백스티치
(진한 갈색 · 2가닥)
백스티치
(진한 갈색 · 4가닥)
새틴스티치
(진한 갈색 · 2가닥)
Happy Time
백스티치
(진한 갈색 · 2가닥)
프렌치너트스티치
(진한 갈색 · 3가닥)
새틴스티치
(진한 갈색 · 2가닥)
백스티치
(진한 갈색 · 2가닥)
프렌치너트스티치
(진한 갈색 · 1가닥)

## P80 미니 스타일 01 작은 에코백

백스티치
(빨간색 · 3가닥)
새틴스티치
(빨간색 · 2가닥)
Love
백스티치
(빨간색 · 4가닥)

## P82 미니 스타일 02 어린이용 에코백

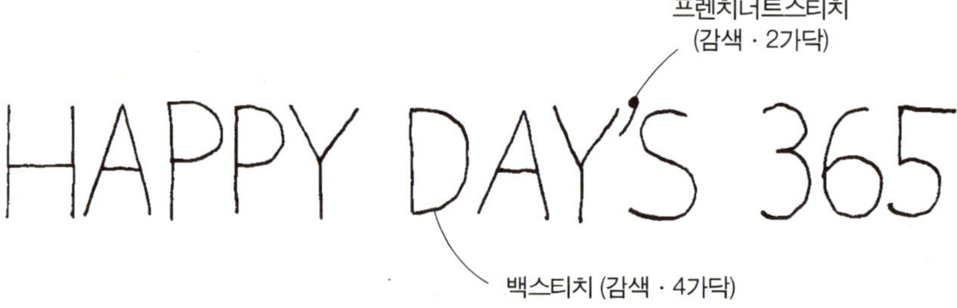
프렌치너트스티치
(감색 · 2가닥)
HAPPY DAY'S 365
백스티치 (감색 · 4가닥)

## P86 미니 스타일 04 보조가방용 에코백

백스티치
(초록색 · 3가닥)
백스티치
(초록색 · 4가닥)

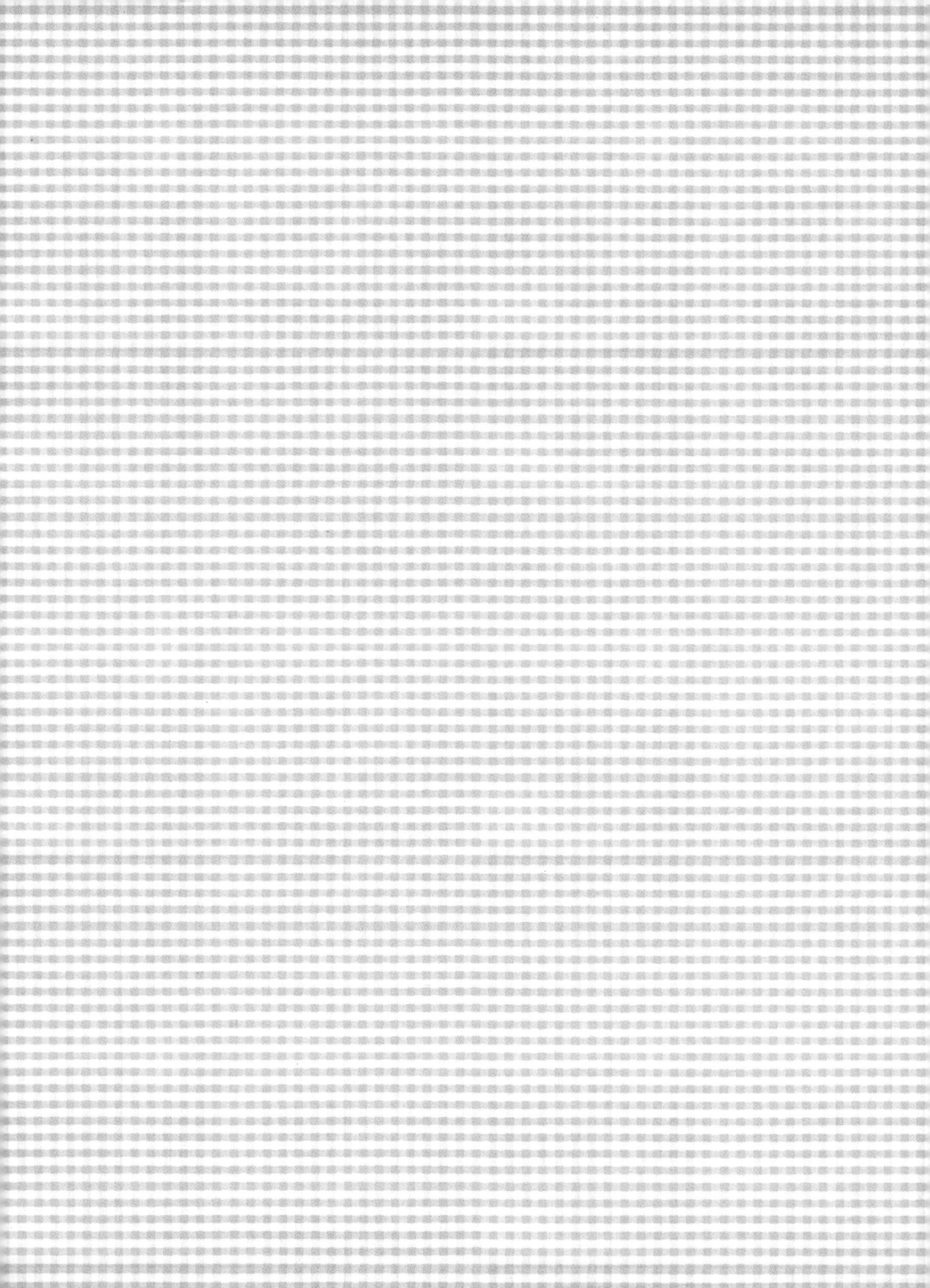